历史学者眼中的毛泽东小丛书

中国社会科学院创新工程学术出版资助项目

张海鹏　主编

毛泽东的民族精神

刘书林　著

中国社会科学出版社

图书在版编目（CIP）数据

毛泽东的民族精神／刘书林著 . —北京：中国社会科学出版社，
2015.6

（历史学者眼中的毛泽东小丛书／张海鹏主编）

ISBN 978 - 7 - 5161 - 5861 - 6

Ⅰ . ①毛…　Ⅱ . ①刘…　Ⅲ . ①毛泽东思想—民族精神—研究
Ⅳ . ①A841. 64

中国版本图书馆 CIP 数据核字（2015）第 063980 号

出 版 人	赵剑英	
策划编辑	郭沂纹	
责任编辑	郭沂纹　安　芳	
责任校对	李小冰	
责任印制	李寡寡	

出　　版	中国社会科学出版社	
社　　址	北京鼓楼西大街甲 158 号	
邮　　编	100720	
网　　址	http://www. csspw. cn	
发 行 部	010 - 84083685	
门 市 部	010 - 84029450	
经　　销	新华书店及其他书店	

印　　刷	北京君升印刷有限公司	
装　　订	廊坊市广阳区广增装订厂	
版　　次	2015 年 6 月第 1 版	
印　　次	2015 年 6 月第 1 次印刷	

开　　本	710 × 1000　1/16	
印　　张	10	
插　　页	2	
字　　数	147 千字	
定　　价	35. 00 元	

总　　序

2013 年 12 月 26 日是毛泽东诞辰 120 周年。毛泽东去世也已 37 年。毛泽东作为中国近现代史上一个伟大的历史人物，已经进入任人评说的时候。在毛泽东的历史评价上，出现了两极分化。这种两极分化的历史评价，或多或少与他们对现实中国的认识有关，与中国特色社会主义的价值体系有关。这套小丛书拟定了大小适中的选题，约请历史学者，从中国近现代史研究出发，以历史学者的眼光来观察毛泽东，来评价毛泽东，希望给毛泽东这个伟大的历史人物一个符合历史的评价。这些历史学者基于历史事实的分析，希望给大众特别是青年读者以正确的引导。敬请读者不吝赐教。

毛泽东是中国近现代史上一个最伟大的、最杰出的历史人物。

20 世纪初以来，中国近代历史的第一次飞跃是由我国民主革命的先行者孙中山完成的。他举起资产阶级革命的旗帜，推翻了我国历史上最后一个封建王朝，辛亥革命开启了中国历史进步的新纪元。他的功绩是值得后人纪念的。

中国近代历史的第二次飞跃，是在毛泽东领导下的中国共产党人完成的。毛泽东不仅领导中国人民胜利地走完了新民主主义革命的全部历程，而且引领中国走上了社会主义的大道，为中国人民探索中国特色社会主义奠定了雄厚的基础。这一次的历史飞跃，比较第一次历史飞跃，历史意义更大，历史影响更加深远，是要永远彪炳史册的。

从1849年到1949年这一百年，是中国历史上最为惊天动地、惊世骇俗，变动最为剧烈的一百年。从1949年到2049年，是一个中华民族从衰弱走向复兴的一百年。这两个一百年，是要为今后的中国历史学家大书特书的两个一百年。毛泽东正活动在这两个一百年的中间：1949年前的半个世纪，他在剧烈变动的时代中是一个叱咤风云的人，是一个引领时代前进的人，他推动了历史的前进；在1949年后的27年中华民族复兴的途程中，他还是一个呼风唤雨的人，是一个引领时代前进的人，是一个动员了中国全体人民的人，虽然在行进中有些跌跌撞撞，他毕竟在探索中国前进的路。他是一个把毕生毫无保留地献给了中国人民的人！他是一个为国家走向富强工作到最后一息的人。我们的后人将会为中国的发展创下更为伟大的业绩，这是毫无疑问的，但是像毛泽东经历了那样剧烈的世纪变化、那样多风雨兼程、那样多天地开创的人，应该是前无古人，后鲜来者的！

今天，全体中国人在生活中所享受的物质条件都比他那个时代好，但是我们不要忘记，我们都在享受着他的劳绩带给我们的丰泽雨润。

1981年6月，中共十一届六中全会通过了《关于建国以来党的若干历史问题的决议》，对毛泽东的历史地位和他对中国历史的独特贡献作出了科学的评价和总结。中国共产党的领导人邓小平、江泽民、胡锦涛、习近平等都对毛泽东的历史贡献作出了肯定的评价。这些肯定的评价反映了中国绝大多数人民的想法，是尊重历史事实的，是得到人民拥护的。

毛泽东不是圣人，不是神仙，他的一生当然也犯过错误，尤其是他的晚年，所犯错误尤其严重。平心而论，这些错误，不只是毛泽东个人的错误，是那一代人的共同错误，是时代的局限造成的。当然，毛泽东应该承担更多的责任。早日建成社会主义，早日过渡到共产主义，那一代中国人哪一个不是欢欣鼓舞呢？我是那个时代的过来人，是有切身体会的。虽然物质生活匮乏，精神生活是昂扬的，对早日到达共产主义是有追求，是有向往的。但是这种急性病，距离社会现实太远，是不能实现的。这种急性病，带有列宁所批评的共产主义运动中"左派"幼稚病的某些迹象。社会的发展，社会主义的发展，有自己的规律，不能想当然去超越。通过后来的历史发展，我认识到了，体会到了。在一定意义上说，犯这种错误是难免的。这不是为毛泽东的错误开脱。中国共产党人摸索新民主主义革命的规律，从建党到中华人民共和国成立，花了 28 年。这 28 年就是一个应该付出的代价。从中华人民共和国成立到 1976 年"文化大革命"结束，毛泽东去世到十一届三中全会，也是 28 年，这也是一个应该付出的代价，这以后才可能召开中共十一届三中全会，才可能形成对建设中国特色社会主义的新认识。而且这个认识到现在又过了三十多年，我们还处在继续探索和加深认识之中。

历史人物难以避免时代的局限，这是任何时代的人不能回避的。毛泽东的过人之处就在于，他自己认识到这一点。

毛泽东说过我们不是圣人，难免犯错误。他在 1956 年总结苏联的教训时说："共产主义运动，从马克思、恩格斯发表《共产党宣言》算起，至今只有一百年多一点的历史。无产阶级专政的历史，从俄国十月革命算起，还不到四十年。实现共产主义，是空前伟大而又空前艰巨的事业。不艰巨就不能说伟大，因为很艰巨才很伟大。在这艰巨斗争的过程中，不犯错误是不可能的，因为我们走的是前无古人的道路。我历来是'难免论'。斯大林犯错误，是题中应有之义。赫鲁晓夫同样也要犯错误。苏联要犯错误，我们也要犯错误。问题在于共产党能够通过批评和自我批评克服自己的错误。"1957 年他在省市自治区党委书记会议上讲话说："我们搞革命和建设，总难免要犯一些错误，这是历史经验证明了的。《再论无产阶级专政的历史经验》那篇文章，就是个大难免论。我们的同志谁愿意犯错误？错误都是后头才认识到的，开头都自以为是百分之百的马克思主义。当然，我们不要因为错误难免就觉得犯一点也不要紧。但是，还要承认工作中不犯错误确实是不可能的。问题是要犯得少一些，犯得小一些。"这里说的犯错误，既包括了历史时代的局限可能犯的错误，也包括因认识不足和经验缺乏所犯的错误，还包括因个人原因犯的错误。重要的是，中国共产党能够通过自己的努力来克服错误。中国共产党已经总结了自己的历史,包括毛泽东领导国家时期的历史,克服了以往的错误,中国的事业又重新大踏步前进了。

　　毛泽东一生革命,一家人中出现了六位烈士。中华人民共和国成立以后,为了保家卫国,他像千千万万普通父母一样,把自己的儿子送到朝鲜战火的前线。他的儿子毛岸英未能幸免于美国军机的炸弹,未能全身返国。毛泽东一生清廉,勤勉从公,没有为子女和亲属留下财产和权力。五千年中国历史里,从古代的皇帝到民国时期的总统,哪一个能与他相比呢?哪一个能像他那样大公无私呢?毛泽东对国家的忠诚和贡献是无与伦比的。

　　毛泽东是中国近现代历史上最重要的伟大人物,是值得今天的中国人怀念的!无论他的成就或者失误,都将成为我们今后前进的借鉴和财富。

　　小丛书的写作,立足于历史事实,有史实根据,不收道听途说之论。文字通俗,力求深入浅出。基本观点,贯穿党的历史问题决议,遵守党的十八大精神。书中引语,都有根据,不妄加解释。

　　小丛书每本十几万字。共列出九本。下面是九本书及其作者。

　　《毛泽东的学风文风》周溯源　颜兵等（中国社会科学院）

　　《毛泽东的读书生活》周溯源　刘宇等（中国社会科学院）

　　《毛泽东与青年》郝幸艳（中国社会科学院）

　　《毛泽东与人民》龚云（中国社会科学院）

　　《毛泽东的民族精神》刘书林（清华大学）

　　《毛泽东与反腐倡廉》王传利（清华大学）

　　《毛泽东对中国社会主义道路的探索》仝华等（北京大学）

　　《毛泽东与新中国政治制度的建立》高中华（中共中央党校）

　　《雄才伟略毛泽东》张海鹏　高中华（中国社会科学院、中共中央党校）

张海鹏

2013 年 10 月 1 日

目　录

前　言

　　民族精神是一个民族赖以生存和发展的精神支柱。它表现为一个民族的精神状态和品格。"在五千多年的发展中，中华民族形成了以爱国主义为核心的团结统一、爱好和平、勤劳勇敢、自强不息的伟大民族精神。我们党领导人民在长期实践中不断结合时代和社会的发展要求，丰富着这个民族精神。"①

　　民族精神作为一种精神传统的力量，生生不息，继往开来，继承发展，其各个发展的不同阶段显示了不同的个性和面貌。究其原因，民族精神始终与中华民族的前途和命运息息相关，以解决中华民族的发展和进步为标准，进行吐故纳新。这种以爱国主义为核心的民族精神，在不同的历史时期，适应民族的发展要求，经历着不断创新的过程，产生不同的表现形式和具体内涵。

　　百年前，随着帝国主义的入侵，中国社会堕入半殖民地半封建社会的深渊。帝国主义、封建主义、官僚资本主义势力的交互作用，使得中华民族的发展进步遇到了致命的障碍，中华民族到了最危险的时

①　《中国共产党第十六次全国代表大会文件汇编》，人民出版社 2002 年版，第 38 页。

候。在民族命运生死存亡的历史关头，中华民族的仁人志士前赴后继，为救亡图存、民族振兴而上下求索，献身奋斗，流血牺牲，可歌可泣。他们矢志不渝地追求着实现中华民族伟大复兴的崇高梦想。

中华民族追求民族复兴的伟大实践，逐渐锤炼了适应新时代的崭新的民族精神。这个过程也是一个大浪淘沙、激浊扬清、摧枯拉朽的过程。一切古今中外的思想文化、政治主张、实现途径、具体办法，都要在这个沧海横流、风雷激荡的时代面前接受检验。在这一检验面前，帝国主义在中国的文化单位及其代理人和提倡的帝国主义文化或奴化文化，鼓吹尊孔读经、旧礼教、旧思想的半封建文化的反动分子，早已结成阻碍社会发展进步的反动联盟。这类反动文化是为帝国主义和封建主义服务的，不打倒这种反动文化，一切新文化就无从建立。在五四运动以前曾经崭露头角的资产阶级文化，与封建主义文化展开了新学与旧学之争、西学与中学之争。但是，"因为中国资产阶级的无力和世界已经进到帝国主义时代，这种资产阶级思想只能上阵打几个回合，就被外国帝国主义的奴化思想和中国封建主义的复古思想的反动联盟所打退了，被这个思想上的反动同盟军稍稍一反攻，所谓新学，就偃旗息鼓，宣告退却，失了灵魂，而只剩下它的躯壳了"①。

无情的历史和现实终于让中国人懂得：只有站在世界发展的最前沿，只有掌握科学的世界观才能指引中华民族伟大复兴的方向，只有立足于中华民族现实的方法和途径才能有效解决中国发展进步的问题。

五四运动之后，随着马克思列宁主义在中国的传播和中国无产阶级及其先进政党登上历史舞台，中国产生了崭新的文化力量，这就是中国共产党领导的科学社会主义的文化潮流，即共产主义的宇宙观和社会革命论。这种代表新的阶级的精神力量，"其声势之浩大，威力之猛烈，简直是所向无敌的。其动员之广大，超过中国任何历史时代"②。这个新的精神力量之所以威力无穷，不仅因其科学性和时代

---

① 《毛泽东选集》第 2 卷，人民出版社 1991 年版，第 697 页。
② 同上书，第 698 页。

性，而且由于其妥善解决了对外来文化和中国传统文化的关系。对于外国文化，应该"排泄其糟粕，吸收其精华……决不能生吞活剥地毫无批判地吸收。所谓'全盘西化'的主张，乃是一种错误的观点。形式主义地吸收外国的东西，在中国过去是吃过大亏的。中国共产主义者对于马克思主义在中国的应用也是这样。必须将马克思主义的普遍真理和中国革命的具体实践完全地恰当地统一起来，就是说，和民族的特点相结合，经过一定的民族形式，才有用处，决不能主观地公式地应用它"①。这就是对于外来文化的一个科学了断。

还有一个科学了断，就是对于中国历史和文化的了断。"清理古代文化的发展过程，剔除其封建性的糟粕，吸收其民主性的精华，是发展民族新文化提高民族自信心的必要条件；但是决不能无批判地兼收并蓄。必须将古代封建统治阶级的一切腐朽的东西和古代优秀的人民文化即多少带有民主性和革命性的东西区别开来。……我们必须尊重自己的历史，决不能割断历史。但是这种尊重，是给历史以一定的科学的地位，是尊重历史的辩证法的发展，而不是颂古非今，不是赞扬任何封建的毒素。对于人民群众和青年学生，主要地不是要引导他们向后看，而是要引导他们向前看。"②

这就是对外来文化和中国古代文化的两个了断。归根结底就是"洋为中用"和"古为今用"的方针。有了这样两个科学了断，一种崭新的符合时代要求的中华民族精神就产生了。这就是毛泽东的民族精神。

毛泽东高度赞扬了鲁迅在中华民族精神方面的杰出旗手的作用："鲁迅是中国文化革命的主将，他不但是伟大的文学家，而且是伟大的思想家和伟大的革命家。鲁迅的骨头是最硬的，他没有丝毫的奴颜和媚骨，这是殖民地半殖民地人民最可宝贵的性格。鲁迅是在文化战线上，代表全民族的大多数，向着敌人冲锋陷阵的最正确、最勇敢、

---

① 《毛泽东选集》第 2 卷，人民出版社 1991 年版，第 707 页。
② 同上书，第 707—708 页。

最坚决、最忠实、最热忱的空前的民族英雄。"①鲁迅逝世的时候，左翼作家和人民群众高举"民族魂"的大旗为其送葬，将鲁迅视为民族之魂。毛泽东十分钦佩鲁迅精神。

然而，在中国近现代，真正创造了适应现时代的中华民族复兴大业的思想，真正创造和实现了新的民族精神的正是毛泽东。延安时期，人民群众自发地把"人民救星"的匾额送给毛泽东。新中国成立后，每一个角落都响彻"东方红"的乐曲，歌唱毛泽东，"他是人民大救星"。这不是偶然的。这是人民的评价、历史的评价、民族的评价、公正的评价、实事求是的评价。中共中央《关于建国以来党的若干历史问题的决议》认为："如果没有毛泽东同志多次从危机中挽救中国革命，如果没有以他为首的党中央给全党、全国各族人民和人民军队指明坚定正确的方向，我们党和人民可能还要在黑暗中摸索更长时间。……毛泽东同志被公认为中国共产党和中国各族人民的伟大领袖，在党和人民集体奋斗中产生的毛泽东思想被公认为党的指导思想，这是中华人民共和国建国以前二十八年历史发展的必然结果。"②

江泽民在纪念毛泽东诞辰百年的讲话中指出："毛泽东同志是伟大的马克思主义者，无产阶级革命家、战略家、理论家，是近代以来中国伟大的爱国者和民族英雄。……中国出了个毛泽东，是我们党的骄傲，是我们国家的骄傲，是中华民族的骄傲。"③

毛泽东代表了我们中华民族时代的主题、进步的力量、先进的力量、科学的力量，他创造和体现出的民族精神，永远是中国人民的宝贵精神财富，永远激励中华民族的胜利发展。

今天，在社会主义文化建设方面，继承和发扬毛泽东的民族精神，对于团结和凝聚全国人民保持昂扬向上的精神状态，完成党的十八大提出的战略任务，具有不可低估的现实意义和理论意义。

① 《毛泽东选集》第2卷，人民出版社1991年版，第698页。
② 《十一届三中全会以来重要文献选编》上册，第299—300页。
③ 《江泽民文选》第1卷，人民出版社2006年版，第346页。

　　本书就是根据马克思主义在中国传播、发展的脉络，沿着中国近现代历史和中共党史的主题、主线和主流，追寻和梳理毛泽东留给我们的民族精神这笔宝贵的精神财富，继承这笔宝贵的精神财富，以此纪念毛泽东诞辰 120 周年。

一

毛泽东的民族精神的出发点

　　毛泽东的民族精神已经随着社会主义革命和建设的实践，融化在中国人民的灵魂之中，是永远值得中国人民珍惜的精神财富。在中国近现代史上，毛泽东的民族精神的出现不是偶然的，这是一个时代的孕育和积淀的结果，也是毛泽东本人吸纳和挥发人类最有价值的思想成果的结晶。

（一）对祖国大好山河的由衷赞美

　　祖国的大好山河在炎黄子孙的心中占据着极其重要的地位。祖国的山川水土养育了世世代代的中华儿女。黄河、长江、泰山、黄山，东方的蓬莱、芝罘岛，西部的珠穆朗玛峰，北疆的万里大草原，海南的热带雨林，景色宜人的九寨沟，人间天堂的苏杭二州，雄伟壮丽的黄土高原，桃红柳绿的山阴道上，一处处巍峨壮观的峡谷，一落落从天而降的瀑布，都会激起历代爱国者的无限热情。陆游临终也要嘱咐自己的子嗣，"王师北定中原日，家祭无忘告乃翁"，惦记的就是中原国土的光复；岳飞精忠报国，最豪放的诗句就是还我河山，统一祖国的国土。"五湖四海"常常用来概括祖国的山河，"四海为家"常常表达祖国儿女的豁达。青山何处不能埋忠骨，鼓舞着爱国者的献身精神；读万卷书还要行万里路，则鼓励着祖国山河考察者的脚步。这些说的都是对祖国山河的由衷的赞美！

毛泽东对祖国山河的热爱是深沉的、热烈的。这是他形成自己的民族精神的来源之一。毛泽东在《中国革命和中国共产党》一文中写道："我们中国是世界上最大国家之一，它的领土和整个欧洲的面积差不多相等。在这个广大的领土之上，有广大的肥田沃地，给我们以衣食之源；有纵横全国的大小山脉，给我们生长了广大的森林，贮藏了丰富的矿产；有很多的江河湖泽，给我们以舟楫和灌溉之利；有很长的海岸线，给我们以交通海外各民族的方便。从很早的古代起，我们中华民族的祖先就劳动、生息、繁殖在这块广大的土地之上。"[①] 祖国壮美的山河激起毛泽东对祖国的无限热爱。

1910年秋，17岁的毛泽东第一次离开韶山去湘乡读书时，就表达了四海为家的情怀。他在临行前改写的一首诗里写道："孩儿立志出乡关，学不成名誓不还。埋骨何须桑梓地，人生无处不青山。"[②]

1913—1918年毛泽东在湖南第一师范学习。第一师范对毛泽东的影响很大。加上这里的地理位置面对滔滔北去的湘江，东临粤汉铁路，与郁郁葱葱的岳麓山隔江相望，优美的自然环境更加燃起他的爱国热情。此后7年，毛泽东重访湘江，写下了《沁园春·长沙》，表达了由爱祖国山河而引发的强烈的爱国热情。"独立寒秋，湘江北去，橘子洲头。看万山红遍，层林尽染；漫江碧透，百舸争流。鹰击长空，鱼翔浅底，万类霜天竞自由。怅寥廓，问苍茫大地，谁主沉浮？"[③]

1918年夏，毛泽东组织湖南学生留法期间来到北京。虽然当时的北京生活费用很高，住宿条件很差，但北京的一草一木都激起他的爱国热情。他回忆道："在公园里和故宫广场上，我却看到了北方的早

①　《毛泽东选集》第2卷，人民出版社1991年版，第621页。

②　中共中央文献研究室编：《毛泽东传（1893—1949）》，中央文献出版社2004年版，第9页。

③　费枝美、季世昌：《毛泽东诗词新解》，中央文献出版社2010年版，第2页。

春。当北海仍然结着冰的时候，我看到白梅花盛开。我看到北海的垂柳，枝头悬挂着晶莹的冰柱，因而想起唐朝诗人岑参咏雪后披上冬装的树木的诗句：'千树万树梨花开。'北京数不尽的树木引起了我的惊叹和赞美。"[①] 1919 年初，毛泽东带领留法学生由北京去上海乘船。"在前往南京途中，我在曲阜停了一下，去看孔子的墓。我看到了孔子的弟子们濯足的那条小溪和孔子幼年所住的小镇。在有历史意义的孔庙附近的一棵有名的树，相传是孔子栽种的，我也看到了。我还在孔子的一个著名的弟子颜回住过的河边停留了一下，并且看到了孟子的出生地。在这次旅行中，我还登上了山东的神岳泰山。"[②] "这些事情，我在当时看来，都是可以同我在湖南的经历和徒步旅行相比美的成就。"[③] 这种对祖国山河的深情不断激起毛泽东的历史责任感。

对祖国山河的热爱，反映在毛泽东诗词中比比皆是。在江西革命根据地时期，在行军路上，在军队驻地，在战争间隙，毛泽东都会对祖国的大好河山充满真挚的感情。1929 年 10 月，在福建的上杭，他欣赏着"战地黄花分外香"、"寥廓江天万里霜"的美好景象；1930 年 2 月，在反"围剿"的行军路上，他也发出："漫天皆白，雪里行军情更迫。头上高山，风卷红旗过大关。此行何去？赣江风雪迷漫处。命令昨颁，十万工农下吉安。"在 1931 年的反第二次大"围剿"的战场上，他发出："赣水苍茫闽山碧，横扫千军如卷席"的豪言壮语。1933 年夏，毛泽东路过刚刚发生激战的大柏地战场，写出深情诗句："当年鏖战急，弹洞前村壁。装点此关山，今朝更好看。"1934 年夏，在江西革命根据地形势十分紧急的时候，毛泽东乐观地写道："踏遍青山人未老，风景这边独好。""会昌城外高峰，颠连直接东溟。战士指看南粤，更加郁郁葱葱。"1934—1935 年在红军长征期间，在翻越 20 多座大山之后，毛泽东豪情奔放："山，刺破青天锷未残。天欲堕，赖以拄其间。""五岭逶迤腾细浪，乌蒙磅礴走泥丸。金沙水拍云崖

---

① 《毛泽东自述》，人民出版社 1993 年版，第 35 页。

② 同上。

③ 同上书，第 36 页。

暖，大渡桥横铁索寒。"1935 年红军长征到达陕北六盘山，他抒发了"天高云淡，望断南飞雁。""六盘山上高峰，红旗漫卷西风。今日长缨在手，何时缚住苍龙？"① 这种与祖国山河心有灵犀的相知缘分，使得他产生为之献身的豪情。

在这方面最有代表性的诗词是毛泽东写作的《沁园春·雪》。

1936 年 1 月，中国工农红军主力到达陕北不久，毛泽东在延长县城召集军委扩大会议，部署东征的战备工作。2 月初，毛泽东来到清涧县袁家沟侦察黄河渡口。这时恰好下了一场大雪，毛泽东心情极好，作了《沁园春·雪》。"北国风光，千里冰封，万里雪飘。望长城内外，惟余莽莽；大河上下，顿失滔滔。山舞银蛇，原驰蜡象，欲与天公试比高。须晴日，看红装素裹，分外妖娆。江山如此多娇，引无数英雄竞折腰。惜秦皇汉武，略输文采；唐宗宋祖，稍逊风骚。一代天骄，成吉思汗，只识弯弓射大雕。俱往矣，数风流人物，还看今朝。"② 这首词反映出毛泽东的博大胸怀，对祖国山河真挚热爱，对历史的高度概括，激起了社会各界的极大反响。毛泽东赴重庆谈判时，将这首词抄送给了向他索诗的柳亚子先生。柳亚子读后叹为绝唱，写了和词，并写了跋文："得其初到陕北看大雪《沁园春》一阕。展读之余，叹为中国有词以来第一作耳，虽苏、辛犹未能抗耳，况余子乎？"③ 当时，柳亚子写给尹瘦石的另外一篇跋文中也有类似评论："毛润之沁园春一阕，余推为千古绝唱，虽东坡、幼安，犹瞠乎其后，更无论南唐小令，南宋慢词矣。"④ 当时担任重庆《新民报晚刊》副刊编辑的吴祖光，看到这首词后深深为其宏大气派所震撼，在发表这首词的按语中指出，《沁园春·雪》一词："风调独绝，文情并茂，而气

① 所引毛泽东诗词，均见于费枝美、季世昌《毛泽东诗词新解》，中央文献出版社 2010 年版。

② 中共中央文献研究室编：《毛泽东传（1893—1949）》，中央文献出版社 2004 年版，第 391 页。

③ 费枝美、季世昌：《毛泽东诗词新解》，中央文献出版社 2010 年版，第 150—151 页。

④ 同上书，第 152 页。

魄之大乃不可及。"① 这首词的传抄稿于 1945 年 11 月 14 日发表后，当时仅重庆一地就有十多种报刊发表了对该词的步韵唱和之作。

当时，毛主席的诗词一出，舆论沸腾，国民党惊恐万状，竟然在内部发出通知，要求会作诗填词的都要写一首或数首《沁园春》，拟从中选出几首意境和气魄超过毛泽东的，以国民党主要领导人的名义发表，以将毛词比下去。但征得的全是一些平庸之作，实在拿不出手，只好作罢。

爱国民主人士黄齐生写了多首和词，其中一首词大义凛然直斥国民党当局腐朽、强权政治："休想独裁，还我民主，朽木之材不可雕。去你的，看人民胜利，定在今朝。"②

郭沫若、陈毅也发表和词。陈毅的词，有的热情颂扬毛泽东的雄韬大略："两阕新词，毛唱柳和，诵之意飘。想豪情盖世，雄风浩浩；诗怀如海，怒浪滔滔。政暇论文，文余问政，妙句拈来着眼高。倾心甚，看回天身手，绝代风骚。"有的鞭笞国民党文人的无耻诽谤："毛柳新词，投向吟坛，革命狂飙。看御用文人，谤言喋喋；权门食客，谵语滔滔。燕处危巢，鸿飞寥廓，方寸岑楼怎比高？叹尔辈，真根深奴性，玷辱风骚。"③

1946 年著名历史学家范文澜写了《"沁园春·雪"译文》，认为毛泽东这首词"气魄的雄伟，词句的深切精妙，不止使苏辛低头，定位词中第一首"。"因为毛泽东的气魄，表现了五千年历史的精华，四万万人民的力量。"④

特别是"江山如此多娇，引无数英雄竞折腰"，鲜明表达了对祖国山河的热爱，从而引发了爱国主义的激情。1959 年，著名画家傅抱石、关山月为人民大会堂创作了描写祖国壮丽河山的国画，请毛主席

---

① 费枝美、季世昌：《毛泽东诗词新解》，中央文献出版社 2010 年版，第 154 页。

② 同上书，第 157 页。

③ 同上书，第 159 页。

④ 同上书，第 160 页。

题字。毛泽东欣然命笔，写下了"江山如此多娇"，成为大会堂一景。① 对祖国山河的热爱，是毛泽东的民族精神产生的重要来源。

（二）对祖国人民大众的无限热爱

群众是真正的英雄。人民群众是历史的创造者，人民大众的意志决定着国家的前途和命运。对人民群众深深的热爱，是毛泽东的民族精神的源泉。毛泽东始终把人民的利益放在第一位，始终站在最广大的工农劳动群众一边，坚持全心全意为人民服务，这是他形成相信群众、依靠群众、从群众中来、到群众中去的群众路线的基石。毛泽东热爱人民，人民大众拥戴毛泽东为人民领袖，形成了人民与毛泽东之间水乳交融的状态。

人民群众是开创历史的动力。毛泽东对中华民族的历史开创者充满自豪和热爱。他指出："在中华民族的开化史上，有素称发达的农业和手工业，有许多伟大的思想家、科学家、发明家、政治家、军事家、文学家和艺术家，有丰富的文化典籍。在很早的时候，中国就有了指南针的发明。还在一千八百年前，已经发明了造纸法。在一千三百年前，已经发明了刻板印刷。在八百年前，更发明了活字印刷。火药的应用，也在欧洲人之前。所以，中国是世界文明发达最早的国家之一，中国已有了将近四千年的有文字可考的历史。""中华民族不但以刻苦耐劳著称于世，同时又是酷爱自由、富于革命传统的民族。……中华民族的各族人民都反对外来民族的压迫，都要用反抗的手段解除这种压迫。他们赞成平等的联合，而不赞成互相压迫。在中华民族的几千年的历史中，产生了很多的民族英雄和革命领袖。所以，中华民族又是一个有光荣的革命传统和优秀的历史遗产的民族。"② 中华民族

---

① 费枝美、季世昌：《毛泽东诗词新解》，中央文献出版社 2010 年版，第 160—161 页。

② 《毛泽东选集》第 2 卷，人民出版社 1991 年版，第 622—623 页。

的优秀人物及其业绩值得敬佩，鲁迅作过这样的论述："我们从古以来，就有埋头苦干的人，有拼命硬干的人，有为民请命的人，有舍身求法的人……虽是等于为帝王将相做家谱的所谓'正史'，也往往掩不住他们的光耀，这就是中国的脊梁。"①

毛泽东对人民大众的热爱首先表现在对人民大众革命精神的支持和维护。他没有任何贵族老爷式的剥削阶级旧观念，而是站在人民大众一边共同战斗的战士和指导者。他是无产阶级政党领袖人物正确对待群众革命精神的典范。在北伐胜利进军形势下，湖南农民运动如火如荼，党内外出现"惰农运动"、"痞子运动"等指责农民运动的舆论。毛泽东于1927年1月4日至2月5日历时32天、行程1400里、全面考察了湖南5个县的农民运动，写成了两万多字的《湖南农民运动考察报告》。在这个《报告》里，他热情洋溢地赞扬农民群众的革命精神："目前农民运动的兴起是一个极大的问题。很短的时间内，将有几万万农民从中国中部、南部和北部各省起来，其势如暴风骤雨，迅猛异常，无论什么大的力量都将压抑不住。他们将冲决一切束缚他们的罗网，朝着解放的路上迅跑。一切帝国主义、军阀、贪官污吏、土豪劣绅，都将被他们葬入坟墓。一切革命的党派、革命的同志，都将在他们面前受他们的检验而决定弃取。"② 毛泽东认为，那些杀猪出谷、戴高帽子游乡的所谓"过分"的举动，"都是土豪劣绅、不法地主自己逼出来的。土豪劣绅、不法地主，历来凭借势力称霸，践踏农民，农民才有这种很大的反抗"③。毛泽东这篇报告在当时的湖南区委机关刊物《战士》和《向导》周刊发表，还以《湖南农民革命》为名，出版了单行本的书。当时的中共中央委员、中央局委员瞿秋白还为这本书写了序言，主张"中国的革命者个个都应该读一读毛泽东这本书"④。1927年5月，共产国际机关刊物《共产国际》也分别以英文

---

① 《中国人失掉自信力了吗》，《鲁迅全集》第6卷，人民文学出版社1996年版，第118页。

② 《毛泽东选集》第1卷，人民出版社1991年版，第12—13页。

③ 同上书，第17页。

④ 何明编：《伟人毛泽东（1893—1976）》，中央文献出版社2003年版，第164页。

和俄文发表了这份报告。毛泽东的这个报告可以称作马克思主义者正确对待群众的经典之作。可见，毛泽东对人民群众的爱，是理性的爱，阶级的爱，从科学宇宙观出发的爱。

在革命根据地，毛泽东对人民群众的热爱又表现在另一侧面，这就是关心和爱护群众，时刻把群众的冷暖放在心上，注重解决群众的疾苦。1934年1月，毛泽东在江西瑞金召开的第二次全国工农兵代表大会上作了《关心群众生活，注意工作方法》的报告。在这个报告中，毛泽东提出："我们应该深刻地注意群众生活的问题，从土地、劳动问题，到柴米油盐问题。……一切这些群众生活上的问题，都应该把它提到自己的议事日程上。应该讨论，应该决定，应该实行，应该检查。要使群众认识我们是代表他们的利益的，是和他们呼吸相通的。""真正的铜墙铁壁是什么？是群众，是千百万真心实意地拥护革命的群众。"① 关心群众的利益，关心群众的痛痒，解决群众生产生活的实际问题。这就是为人民服务的具体体现。这也是毛泽东开创的密切联系群众的好传统。

毛泽东还强调共产党员及其干部必须在工作中与人民群众结合在一起，团结在一起。1945年10月17日，毛泽东在鼓励干部到前方去的时候，就表达了这种思想："我们共产党人好比种子，人民好比土地。我们到了一个地方，就要同那里的人民结合起来，在人民中间生根、开花。我们的同志不论到什么地方，都要把和群众的关系搞好，要关心群众，帮助他们解决困难。团结广大人民，团结得越多越好。"②

毛泽东的建军思想也体现了无产阶级的武装力量热爱人民群众的原则。毛泽东强调："紧紧地和中国人民站在一起，全心全意地为中国人民服务，就是这个军队的唯一的宗旨。"③ 无产阶级的军队不是为着少数人或狭隘集团的私利，而是为着绝大多数人民群众的利益而战

---

① 《毛泽东选集》第1卷，人民出版社1991年版，第138—139页。

② 《毛泽东选集》第4卷，人民出版社1991年版，第1162页。

③ 《毛泽东选集》第3卷，人民出版社1991年版，第1039页。

斗的。毛泽东始终注意对军队进行无产阶级思想和正确路线的教育。这支队伍超越了历史上任何"秋毫无犯"、"严格治军"的境界，成为人民群众的子弟兵。1927年9月，在红军的初创时期，毛泽东就要求秋收起义的部队的官兵，对人民群众说话要和气，买卖公平，不拉夫，不打人，不骂人。同年10月，在向井冈山的进军途中，毛泽东为军队规定了三大纪律，其中包括："不拿群众一个红薯。"1928年1月，毛泽东又为军队规定了"六项注意"，其中内容都是涉及维护人民群众的利益："上门板"、"捆铺草"、"说话和气"、"买卖公平"、"借东西要还"、"损坏东西要赔"。1929年，毛泽东又增加了两条："洗澡避女人"、"不搜俘虏腰包"。这样逐步成为"三大纪律八项注意"。1947年10月10日，中共中央正式颁布了毛泽东起草的《三大纪律八项注意》。在《三大纪律八项注意》的规范下，中国人民解放军成为一支与人民群众保持密切联系的、战无不胜的军队。

毛泽东对人民群众的尊重和热爱，还体现在他虚心听取群众的意见，反思自己的工作，哪怕是特别刺耳的意见，也虚心听。在延安时期传说着这样一个真实的故事。1941年6月3日下午，陕甘宁边区政府在小礼堂召开县长联席会议，讨论征粮问题。这天，电闪雷鸣，大雨滂沱。突然一声重雷，穿入会堂，使得与会者都受到雷震，延川县代县长李彩荣不幸触电过重，抢救无效，死亡。一个安塞老汉当时竟然说："老天爷瞎了眼，为甚不让雷公打死毛泽东，偏要打死李县长！"边区保安处打算把这个老汉拘留起来，请示毛泽东。毛泽东首先指示不要拘留那个老汉，要求立即了解具体情况。经过了解，是由于老汉对越来越重的救国公粮的过重负担不满才骂人的。毛泽东了解了情况，认为老汉批评得对，给边区政府提了很好的意见。毛泽东不但指示西北局组成考察团深入农村调查有关情况，做出减征公粮的决定，还做出了精兵简政、开展大生产运动的决定。毛泽东在党的六届七中全会和七大的口头政治报告中都简要地提到过这件事。他说："一九四一年边区老百姓中有人说雷公咋不打死毛泽东，这就引起我的警觉，分析原因，发现是征粮太重了，于是就发展大生产运动。"①
这不但展示了伟大领袖的博大胸怀，而且体现了毛泽东对人民大众的
真实的热爱和尊重。

　　毛泽东经常强调一切共产党员，要热爱人民，尊重人民。在1945
年4月为党的七大写的报告里，毛泽东指出："教育每一个同志热爱人
民群众，细心地倾听群众的呼声；每到一地，就和那里的群众打成一
片，不是高踞于群众之上，而是深入于群众之中；根据群众的觉悟程
度，去启发和提高群众的觉悟，在群众出于内心自愿的原则之下，帮
助群众逐步地组织起来，逐步地展开为当时当地内外环境所许可的一
切必要的斗争。""共产党人的一切言论行动，必须以合乎最广大人民
群众的最大利益，为最广大人民群众所拥护为最高标准。"② 这种密切
联系群众、信任群众、依靠群众的优良传统和作风最终形成了党的群
众路线，成为党的传家宝之一。

　　在建立新中国的全国政协大会上，毛泽东抚今追昔，深情致辞，
心中首先想到的是人民群众。他在开幕词中说："我们有一个共同的
感觉，这就是我们的工作将写在人类的历史上，它将表明：占人类总
数四分之一的中国人从此站立起来了。我们的民族将从此列入爱好和
平自由的世界各民族的大家庭，以勇敢而勤劳的姿态工作着，创造自
己的文明和幸福，同时也促进世界的和平和自由。我们的民族将再也
不是一个被人侮辱的民族了，我们已经站起来了。"③ 只有经受了旧中
国的压迫和黑暗的人才能说出这样的体会，只有把自己与人民群众融
为一体的领袖才能具有这样的胸怀。1949年10月1日开国大典，在庆
祝游行的群众队伍中喊出"毛主席万岁！"的口号时，毛泽东立即回
呼："人民万岁！""同志们万岁！"这种对待人民群众的热爱和平等态
度，堪称千古奇迹。在20世纪五六十年代，人民群众中之所以爆发出
那样空前的社会主义建设的积极性，与毛泽东教育和体现的人民当家

---

①　《毛泽东文集》第3卷，人民出版社1996年版，第285页。

②　《毛泽东选集》第3卷，人民出版社1991年版，第1095—1096页。

③　中共中央文献研究室编：《毛泽东传（1893—1949）》，中央文献出版社2004
年版，第982页。

做主的精神密切相关。

新中国成立后，虽然毛泽东成为党和国家的最高领导人，但他始终与人民群众保持着密切的联系，时刻把人民群众的冷暖疾苦放在心上。由于严重的自然灾害和苏联领导人对我国的逼债，20世纪60年代初，我国人民群众的生活处于困难时期。为了使人民渡过灾荒，在毛泽东的领导下，中共中央文件号召一切党的基层组织必须把"保人保命"提上日程，号召全国人民行动起来，想尽一切办法，见缝插针，种植秋粮作物和蔬菜，以补充粮食的不足。为了渡过饥荒，国家采取了粮食定量供应、发放粮票的措施，尽力保证每一个公民都能吃上国家供应的一份粮食。这种一人一份口粮保证的措施，是中华民族有史以来的伟大创造和奇迹，第一次在灾荒面前体现了无产阶级政党倡导的真正平等精神，为人民生命生活负责的精神。毛泽东本人也决定与平民百姓同甘共苦，严格遵守普通群众粮食定量的规定，不搞特殊化，他决定灾荒时期自己不吃肉。据他的警卫人员回忆，他是这样说的："全国人民都在定量，我也应该定量。……我们就实行三不：不吃肉，不吃蛋，吃粮不超定量！"在国家最困难的日子里，他曾经七个月没吃过一口猪肉。有时工作一天只吃一盘马齿苋或炒菠菜。[①]

毛泽东这种关心人民群众疾苦的态度是一贯的。1972年12月20日，福建省莆田县城郊公社下林小学教师李庆霖写信给毛泽东，向他反映了自己在乡下插队的孩子生活上遇到的困难。信中说，当国家对上山下乡的知识青年的口粮供应停发后，孩子劳动分得的口粮年年不够吃。孩子每年都有半年或更多一些的日子要靠回家吃黑市粮过日子。再加上在生产队没有一分钱的劳动收入，因此生活很困难。请求国家尽快给予合理解决。1973年4月25日，毛泽东回信给李庆霖，并寄去300元钱解决困难。毛泽东在回信中说："李庆霖同志，寄上300元，聊补无米之炊。全国此类事甚多，容当统筹解决。"[②] 毛泽东对上山下乡知识青年和老百姓的生活疾苦的关心，在当时社会上引起了不大不

① 李银桥：《在毛泽东身边十五年》，河北人民出版社1992年版，第267页。
② 《毛泽东文集》第13卷，中央文献出版社1998年版，第349页。

小的舆论的冲击波。此后，政府部门立即采取了一系列措施，中央五月工作会议和福建省委立即形成了文件。中共中央于1973年6月10日印发了李庆霖的来信和毛泽东的复信，要求全国各地在开党委扩大会时，要分出一天，专门讨论知识青年下乡的有关问题，要求各省市自治区、各大军区要在6月下半月派人来中央汇报"统筹解决"知识青年上山下乡问题的情况。1973年6—7月，国务院召开全国知识青年上山下乡工作会议，拟定了《关于知识青年上山下乡若干问题的试行规定（草案）》。李庆霖的信和毛泽东对这一问题的及时关心和处理，不但解除了当时反映出来的问题，也为上山下乡知识青年工作的规范化、制度化起到了推动作用。①

---

① 《毛泽东文集》第13卷，中央文献出版社1998年版，第350页。

二

毛泽东的民族精神的来源

（一）对祖国优秀文化遗产的尊重、吸收和扬弃

毛泽东的民族精神还产生于对祖国优秀文化遗产的尊重、吸收和扬弃。他指出："中国的长期封建社会中，创造了灿烂的古代文化……我们必须尊重自己的历史，决不能割断历史。但是这种尊重，是给历史以一定的科学的地位，是尊重历史的辩证法的发展，而不是颂古非今，不是赞扬任何封建的毒素。"① 他还说："我们信奉马克思主义是正确的思想方法，这并不意味着我们忽视中国文化遗产和非马克思主义的外国思想的价值。中国历史遗留给我们的东西中有很多好东西，这是千真万确的。我们必须把这些遗产变成自己的东西。……我们中国人必须用自己的头脑进行思考，并决定什么东西能在我们自己的土壤里生长起来。"② 毛泽东确实是一个全面吸收中华民族优秀文化遗产，并将其为中国的发展进步服务的大师。他的这方面的文化修养和造诣，

① 《毛泽东选集》第 2 卷，人民出版社 1991 年版，第 707—708 页。
② 《毛泽东文集》第 3 卷，中央文献出版社 1996 年版，第 191—192 页。

永远是我们炎黄子孙的最好的榜样。

老一辈无产阶级革命家薄一波曾经这样概括毛泽东对中国传统文化的修养:"毛泽东精心阅读马列的书,垂老不倦。他曾经建议把三十几部马列经典著作印成大字本,发给高级干部作为必读之书。他并且注意总结国际工人运动正反两方面的经验。这是大家都熟知的。在这同时,他还经常阅读中国的古书,而且很讲究读书里的学问,从来不是无谓地去读,而是同现实生活联系起来,同人民的事业联系起来,常常把书里可以借鉴的内容自然而贴切地运用于指导实践。他很喜欢读中国的史书,历史的知识很渊博。他也很喜欢看中国历史上的著名小说。毛泽东不但注意从历史和古典文学作品中吸取鉴戒,而且重视在现实的生活中倾听群众的呼声。"①

逄先知也总结了毛泽东读古书的两个特点:"毛泽东从阅读大量的古籍中,批判地吸取和继承了中国古代的优秀文化。对于中国古代文化,像他那样熟悉的,不仅在中国共产党领导人中,就是在近代的革命家中,都是不多见的。根据我长期接触毛泽东读古书的情况,根据大量的文献资料的记载,我认为毛泽东读古书有两个显著特点:一是用历史唯物主义的观点阅读和解释中国古书的内容,我在这里把它称作'古籍新解';一是吸取古书中的精华,有的还赋予新的含义,为现实斗争服务,这就是我们常说的'古为今用'。"②

毛泽东对中国传统文化中的孔夫子采取了一种客观分析和批判的态度。他幼年虽然读过孔夫子,但真正影响他的思想的决不是孔夫子。对孔夫子的态度,毛泽东始终体现了五四运动时期形成的批判态度并坚持到底。他虽然主张不要割断历史,"从孔夫子到孙中山,从乌龟壳(甲骨文)到现在,都要进行研究、总结,要有知识"③。他甚至还主张在调查研究中"学个孔夫子的'每事问'"④。但是,毛泽东并不接受孔夫子说教的这套东西。他在延安接受斯诺采访时说:"我读过

---

① 黄丽镛:《毛泽东读古书实录》,上海人民出版社 1994 年版,第 14 页。

② 同上书,第 9 页。

③ 同上书,第 312 页。

④ 同上书,第 83 页。

经书，可是并不喜欢经书。我爱看的是中国古代的传奇小说，特别是其中关于造反的故事。我读过《岳传》《水浒传》《隋唐演义》《三国演义》和《西游记》等。……我认为这些书对我的影响大概很大，因为这些书是在易受感染的年龄里读的。"① 在五四运动的高潮中，毛泽东在《湘江评论》增刊第一号上著文认为："我们反对孔子，有很多别的理由。单就这独霸中国，使我们思想界不能自由，郁郁做二千年偶像的奴隶，也是不能不反对的。"② 1957 年 1 月，在省市自治区党委书记会议上，他明确把"孔子和蒋介石的书"，列为"反面的东西"，要求干部读一读这些反面教材，以巩固自己的唯物主义和辩证法。③ 1958 年 11 月，在武昌会议上，毛泽东说："我们共产党人看孔夫子，他当然是有地位的，因为我们是历史主义者。但说是什么圣人，我们也是不承认的。"④ 1968 年 10 月，在党的八届十二中全会的开幕式上，毛泽东讲话提到了郭沫若、范文澜、冯友兰尊孔的倾向，然后仍然坚持说："我这个人比较有点偏向，就不那么高兴孔夫子。看了说孔夫子是代表奴隶主、旧贵族，我偏向这一方面，而不赞成孔夫子是代表那个时候新兴地主阶级。"⑤ 1973 年 5 月，毛泽东写了五言诗《读"十批判书"》，在学术观点上与郭沫若进行了商讨，批孔的倾向仍然是鲜明的："郭老从柳退，不及柳宗元。名曰共产党，崇拜孔二先。"同年，8 月 5 日又写了七言诗《读"封建论"，呈郭老》："祖龙魂死业犹在，孔学名高实秕糠。"⑥ 毛泽东对儒家孔学的这种坚决批判的态度是主要的、一贯的。那些借口振兴所谓"国学"，而千方百计把毛泽东的精神歪曲为儒家精神，或者说毛泽东的思想主要受了儒家思想的影响，这是没有根据的。个别的人还借此尊孔、祭孔，到处修建孔夫子铜像和石像，甚至让青少年朝拜孔夫子，从社会主义意识形态发展

---

① 《毛泽东一九三六年同斯诺的谈话》，人民出版社 1979 年版，第 8—9 页。
② 黄丽镛：《毛泽东读古书实录》，上海人民出版社 1994 年版，第 57 页。
③ 《毛泽东文集》第 7 卷，中央文献出版社 1999 年版，第 193 页。
④ 黄丽镛：《毛泽东读古书实录》，上海人民出版社 1994 年版，第 256 页。
⑤ 同上书，第 305 页。
⑥ 《毛泽东年谱》第 6 卷，中央文献出版社 2013 年版，第 490 页。

的角度看，真是莫名其妙，十分离谱。

在中国的元典文化中，真正受到毛泽东青睐并具有重要影响的，与其说是儒家的孔孟学说，不如说是老、庄的朴素辩证法的学说。青少年时代的毛泽东就对《老子》非常熟悉。1917 年暑假，他与萧子升一起游学时，就与宁乡一位隐居的刘氏翰林谈论过《老子》。毛泽东告诉这位翰林，"我们读过《老子》"，"最好的《老子》注是王弼做的"。① 在漫长的领导革命和建设的过程中，毛泽东一直对《老子》《庄子》抱有极大的兴趣。据不完全统计，在《毛泽东选集》四卷之中，直接引用《老子》的名言达八条之多。毛泽东在《中国革命战争的战略问题》中，就引用了《老子》的"将欲取之，必故与之"的话语。关于在战争中土地得失问题的看法上，他说："关于丧失土地的问题，常有这样的情形，就是只有丧失才能不丧失，这是'将欲取之必先与之'的原则。"② 1945 年 4 月 24 日，毛泽东在党的第七次代表大会的口头政治报告中，讲到对付国民党制造摩擦政策的方针，引用了老子的"不敢为天下先"的话语。他说："我和国民党的联络参谋也这样讲过，我说我们的方针：第一条，就是老子的哲学，叫作'不为天下先'。就是说，我们不打第一枪。"③ 这就是有理、有利、有节的斗争策略，让蒋介石充分暴露自己背信弃义的本质，以赢得主动权。1949 年 3 月 13 日，毛泽东在《党委会的工作方法》中，谈到委员之间"互通情报"的重要性时，再次引用老子的话语："'互通情报'。……这对于取得共同的语言是很重要的。有些人不是这样做，而是像老子说的'鸡犬之声相闻，老死不相往来'，结果彼此之间就缺乏共同的语言。"④ 1949 年 8 月 18 日，在美国反共反华的气焰甚嚣尘上之时，毛泽东在《别了，司徒雷登》一文中又借用《老子》第 74 章的话警告美国人，"多少一点困难怕什么。封锁吧，封锁十年八年，中国的一切问题都解决了。中国人死都不怕，还怕困难吗？老子说过：'民

① 卢志丹：《毛泽东品国学》，国际文化出版公司 2012 年版，第 88 页。
② 《毛泽东选集》第 1 卷，人民出版社 1991 年版，第 211 页。
③ 《毛泽东文集》第 3 卷，中央文献出版社 1996 年版，第 326 页。
④ 《毛泽东选集》第 4 卷，人民出版社 1991 年版，第 1441 页。

不畏死，奈何以死惧之．'美帝国主义及其走狗蒋介石反动派，对于我们，不但'以死惧之'，而且实行叫我们死。闻一多等人之外，还在过去的三年内，用美国的卡宾枪、机关枪、迫击炮、火箭炮、榴弹炮、坦克和飞机炸弹，杀死了数百万中国人。现在这种情况已近尾声了，他们打了败仗了，不是他们杀过来而是我们杀过去了，他们快要完蛋了。留给我们多少一点困难，封锁、失业、灾荒、通货膨胀、物价上升之类，确实是困难，但是比起过去三年来已经松了一口气了。过去三年的一关也闯过了，难道不能克服现在这点困难吗？没有美国就不能活命吗？"①

　　新中国成立后毛泽东对《老子》更是爱不释手，出外行装必带《老子》。1957 年 2 月 27 日完成的著作《关于正确处理人民内部矛盾的问题》，毛泽东在谈到矛盾的相互转化的道理时，引用了老子的话："我们必须学会全面地看问题，不但要看到事物的正面，也要看到它的反面。在一定的条件下，坏的东西可以引出好的结果，好的东西也可以引出坏的结果。老子在二千多年以前就说过：'祸兮福所倚，福兮祸所伏．'日本打到中国，日本人叫胜利。中国大片土地被侵占，中国人叫失败。但是在中国人的失败里包含着胜利，在日本的胜利里包含着失败。历史难道不是这样证明了吗？"②

　　毛泽东对庄子同样是很喜欢的，受其影响不小。他在长沙读书时就读过《庄子》。在第一师范读书时，他写的《讲堂录》中就多处抄录和摘引了《庄子》的许多篇目中的观点和语句。③ 由于它对《庄子》有较透彻的研究，著文、作诗、讲话中能够信手拈来，娴熟地引用《庄子》的文字和段落。毛泽东在《湖南农民运动考察报告》中，有这样的文字："菩萨是农民立起来的，到了一定时期农民会用他们自己的双手丢开这些菩萨，无须旁人过早地代庖丢菩萨。"④ 这里所说的"代庖"这个概念就是出自《庄子·逍遥游》。1935 年 12 月 27 日，毛

---

① 《毛泽东选集》第 4 卷，人民出版社 1991 年版，第 1496 页。
② 《毛泽东文集》第 7 卷，人民出版社 1999 年版，第 238 页。
③ 卢志丹：《毛泽东品国学》，国际文化出版公司 2012 年版，第 104 页。
④ 《毛泽东选集》第 1 卷，人民出版社 1991 年版，第 33 页。

泽东在陕北瓦窑堡会议上作了《论反对日本帝国主义的策略》的报告，其中就引用了《庄子·秋水》篇中"井底之蛙"的典故，批评当时那些狭隘悲观主义的观点。他说："马克思主义者看问题，不但要看到部分，而且要看到全体。一个虾蟆坐在井里说：'天有一个井大。'这是不对的，因为天不止一个井大。"①

　　1964 年 8 月 18 日，毛泽东在北戴河与几位哲学工作者谈话，谈到了事物的无限可分性，引用了《庄子·天下》篇的内容，"一尺之棰，日取其半，万世不竭"，认为这是一个科学的真理。毛泽东说："'一尺之棰，日取其半，万世不竭'这是个真理。不信，就试试看。如果有竭，就没有科学了。"② 1956 年 11 月 15 日，毛泽东在党的八届二中全会的总结讲话中，借用《庄子·天下》篇讲解动、静的辩证法。他说："看电影，银幕上那些人净是那么活动，但是拿电影拷贝一看，每一小片都是不动的。《庄子·天下》篇说：'飞鸟之景，未尝动也。'世界上就是这样一个辩证法：又动又不动。净是不动没有，净是动也没有。动是绝对的，静是暂时的，有条件的。"③

　　毛泽东受到庄子的文化熏陶，还体现在他的诗词之中。《庄子·逍遥游》篇中"背若泰山，翼若垂天之云"的鲲鹏，其意象和气势就先后出现在他早年的诗词里。1918 年 4 月毛泽东写的《七古·送纵宇一郎东行》，就有"君行吾为发浩歌，鲲鹏击浪从兹始"的诗句；1925 年写的《沁园春·长沙》就有"鹰击长空"、"到中流击水，浪遏飞舟"的诗句。毛泽东 1965 年 5 月写的《念奴娇·鸟儿问答》（与《水调歌头·重上井冈山》一起，公开发表于 1976 年元旦）"鲲鹏展翅九万里，翻动扶摇羊角。背负青天朝下看，都是人间城郭。炮火连天，弹痕遍地，吓倒蓬间雀。怎么得了，哎呀，我要飞跃。"这首词就更是表现了与《庄子·逍遥游》的借鉴关系，其中的鲲鹏，蓬间雀，及其二者之间的问答对话场面和意境，均取自庄子的这篇著作。

---

①　《毛泽东选集》第 1 卷，人民出版社 1991 年版，第 149 页。

②　《毛泽东年谱》第 5 卷，中央文献出版社 2013 年版，第 389 页。

③　黄丽镛：《毛泽东读古书实录》，上海人民出版社 1994 年版，第 228 页。

毛泽东一生爱读中国的史籍，这是他民族精神酝酿和积淀的又一文化渊源。在《毛泽东选集》中，可以看到他常常旁征博引大量的历史典籍。《左传》《吕氏春秋》《史记》《汉书》《资治通鉴》都是他熟读的历史典籍，《二十四史》是他阅读、圈画得最多的书籍。1982 年调任毛泽东图书管理小组的张贻玖说："对这部《二十四史》，毛泽东从 20 世纪 50 年代开始，到 20 世纪 70 年代生命历程结束时，无论在京城或外出，无论健康或生病，他都用了相当多的时间，锲而不舍，攻读不辍，几乎全都通读了一遍，重点史册、篇章还二遍、三遍、四遍地读。"① 从毛泽东读史的重点，不难看出他的意旨。"从毛泽东的圈画批注看，他比较赏识那些耿直刚正，在封建社会里，敢于秉理争议、舍身直谏的人物，对这些人的事迹，特别是对这些人有分析、有说理、有真知灼见的言论、奏折、书信等，十分重视，反复阅读，多有圈画和批注。对那些著名的武将和他们足智多谋、有声有色的战争场面的记叙，他也常常用军事家的眼光予以审度、分析和评注。对一些涉及思想方法和工作方法的事例，他很重视联系现实，汲取经验教训。对某些帝王的成败得失也多所评论。"② 毛泽东对《资治通鉴》的评论也很深刻而精当。他说："《资治通鉴》这部书写得好，尽管立场观点是封建统治阶级的，但叙事有法，历代兴衰治乱本末毕具，我们可以批判地读这部书籍以熟悉历史事件，从中汲取经验教训。"③《资治通鉴》的特点就是提纲挈领、详略得当、完整系统、因果齐全。毛泽东用了"兴衰治乱本末毕具"，来概括《资治通鉴》的"叙事有法"，准确而贴切。可见毛泽东读史之广，悟性之深。

毛泽东对历史人物家世、业绩了如指掌，在说明问题时常常是谈古论今，富于说服力。他在党的八大二次会议上，为了鼓励年轻人敢想敢干、解放思想，讲话中列举了历史上大量的年轻有为的典型，很有说服力。他在讲话提纲里列出的典型人物有：甘罗，12 岁就出使赵

① 张贻玖：《毛泽东读史》，当代中国出版社 2005 年版，第 28 页。
② 同上书，第 31 页。
③ 同上书，第 32 页。

国，因而功封为"上卿"；贾谊，18 岁大有才名，20 多岁就被汉文帝召为博士，不久封为太中大夫，写作《过秦论》等成为传世名篇，死时不过 33 岁；项羽，起兵反秦，创造了破釜沉舟战例，其勇武天下称第一，25 岁就领导起义军在巨鹿战役中击破秦军主力，自称西楚霸王，死时不过 30 岁；韩信，幼时曾经受"胯下之辱"，后来成为刘邦建立汉朝的主要军事领导人；释迦牟尼，29 岁创立佛教；颜渊，虽然一生只有 30 岁，但在孔门中成为德高居首的贤人；荀灌娘，13 岁就带兵突围救父，驱退敌军；罗成，14 岁带兵起义，勇猛善战，号称白袍小将；岳飞，抗金名将，被秦桧害死时也不过 38 岁；王勃，6 岁便善于词章，十几岁就被沛王李贤聘为"署府修撰"，25 岁写出《滕王阁序》，号称初唐四杰；李贺，虽然只有 27 岁的生涯，但诗作留下千古绝唱，"秦王骑虎游八极，剑光照空天自碧。羲和敲日玻璃声，劫灰飞尽古今平"。无愧为唐代杰出诗人；李世民，18 岁率兵反隋，26 岁即位当皇帝，称唐太宗；罗士信，14 岁参加农民起义，勇猛善战，成为名将；周瑜，挂帅东吴，33 岁率军大破曹军于赤壁；孔明，26 岁指点江山，论述天下三足鼎立，成为蜀汉军师；孙策，创建东吴政权，成为江东豪强，死时仅 25 岁；王弼，幼时即享学术盛名，虽享年只有 24 岁，《周易注》《老子注》传承百代；英国科学家达尔文，22 岁做环球旅行，提出生物进化论，成为名扬全球的博物学家；杨振宁，35 岁获诺贝尔物理奖；李政道，31 岁获诺贝尔物理奖；郝建秀，16 岁创造细纱挡车工先进工作法，成为全国劳动模范；聂耳，23 岁谱写《义勇军进行曲》曲谱，日后成为中华人民共和国国歌。毛泽东分析了这些年轻有为的人们的成功秘密："原因：方向对，而名人学问多，保守落后了。""世界是青年的，长江后浪推前浪，譬如积薪、后来居上。"毛泽东说："举这么多例子，目的就是说明青年人是要战胜老年人，学问少的人可以打倒学问多的人，不要为大学问家所吓倒。要敢想，敢说，敢做；不要不敢想，不敢说，不敢做。"① 没有丰厚的历史

① 《建国以来毛泽东文稿》第 7 册，中央文献出版社 1992 年版，第 195、207、208 页。

文化修养，是不可能一口气列出如此翔实的专题事实的。

中国几千年积累的古典文学宝库，源远流长，精品频现，琳琅满目。毛泽东对其中优秀成分的深刻理解、独到品评、灵活运用、继承和发扬都达到了炉火纯青的地步，这无疑也是滋养毛泽东民族精神的文化渊源。他自幼熟读《诗经》，1915 年他向长沙各学校发出的《征友启事》中，就引用了《诗经·小雅·伐木》的诗句："嘤其鸣矣，求其友声。"毛泽东从《诗经》中提炼出大量的人民性的东西。1964 年 8 月 18 日，毛泽东在北戴河与哲学工作者谈话时就对《诗经》进行了深刻的评论："司马迁对《诗经》的品评很高，说诗三百篇皆古圣贤发愤之所为作也。大部分是风诗，是老百姓的民歌。老百姓也是圣贤。'发愤之所为作'，心里没有气，他写诗？'不稼不穑，胡取禾三百廛兮！''不狩不猎，胡瞻尔庭有悬獾兮？''彼君子兮，不素餐兮'，'尸位素餐'就是从这里来的。这是怨天，反统治阶级的诗。"①

《楚辞》作为我国第一部浪漫主义诗歌总集，深为毛泽东酷爱。他在第一师范读书时，就抄录过《离骚》《九歌》的全文，并为各节写了提要。苏联汉学家费德林在《我所接触的中苏领导人》一书中回忆了毛泽东 1949 年访问苏联时谈话中对屈原的评价："屈原的名字对我们更为神圣。他不仅是古代的天才歌手，而且是一名伟大的爱国者，无私无畏，勇敢高尚。他的形象保留在每个中国人的脑海里。无论在国内国外，屈原都是一个不朽的形象。我们就是他生命长存的见证人。"② 这反映了毛泽东在新中国成立之初，面对复杂而困难局面时的民族自信、自尊的爱国情怀。1958 年 1 月，中央在南宁会议期间，国民党飞机空袭南宁，全城进入防空警备状态时，毛泽东坚持不进防空洞，让人点上蜡烛，聚精会神读起了《楚辞》。在中苏关系破裂的1961 年秋，毛泽东借《离骚》中"芳草椒兰变为污秽萧艾"的韵意，写了《七绝·屈原》："屈子当年赋楚骚，手中握有杀人刀。艾萧太盛

---

① 卢志丹：《毛泽东品国学》，国际文化出版公司 2012 年版，第 250 页。
② 同上书，第 256 页。

椒兰少，一跃冲向万里涛。"① 实际上，他在提醒：干部的腐败是导致事业失败的主要原因。1972 年 9 月 27 日，毛泽东还把《楚辞集注》一书赠送给前来谈判建交的日本首相田中角荣。这一深沉的赠书之举，既表达了促进中日文化交流的意义，也展示了中华民族悠久历史积淀的底蕴。

唐诗宋词更是古代诗歌发展的全盛时期的产物，是中国文化的优秀遗产，也是世界文学宝库中的璀璨明珠。毛泽东年轻时期就能够背诵《唐诗三百首》。毛泽东一生中经常把唐诗宋词的诗句加以引申，寄予政治、外交、哲学等丰富的内涵。他借用崔颢《黄鹤楼》中"昔人已乘黄鹤去，此地空余黄鹤楼"的诗句，写出《菩萨蛮·黄鹤楼》："黄鹤知何去？剩有游人处，把酒酹滔滔，心潮逐浪高"，表达了心怀天下、献身革命的壮志。他借用李贺《金铜仙人辞汉歌》中"天若有情天亦老"的诗句，演化出《七律·人民解放军占领南京》中"天若有情天亦老，人间正道是沧桑"，表达了历史潮流不可抗拒的必然趋势。他借用李白《临江王节士歌》中"安得倚天剑，跨海斩长鲸"的诗句，演化出《念奴娇·昆仑》的诗句："安得倚天抽宝剑，把汝裁为三截"，"环球同此凉热"的境界，表达了创造美好世界的雄奇壮美的气概。他喜欢宋词，经常书写、吟咏，借以言志。1957 年 3 月 20日，当他乘飞机从南京飞往上海，飞过镇江上空时，他就想起了镇江的北固楼，想起了辛弃疾的词《南乡子·登京口北固楼有怀》，并书写了这首词："何处望神州，满眼风光北固楼。千古兴亡多少事，悠悠，不尽长江滚滚流。年少万兜鍪，望断东南战未休。天下英雄谁敌手？曹、刘，生子当如孙仲谋。"1975 年 5 月 3 日，毛泽东在主持政治局会议时，又一次念起了辛弃疾的《南乡子》这首词，并改变了最后一句："天下英雄谁敌手？曹、刘，当今惜无孙仲谋。"并让叶剑英念了一遍这首词。② 这是毛泽东主持的最后一次政治局会议。在这次

---

① 费枝美、季世昌：《毛泽东诗词新解》，中央文献出版社 2010 年版，第 400页。

② 中共中央文献研究室编：《毛泽东传》，中央文献出版社 2003 年版，第 1733页；黄丽镛：《毛泽东读古书实录》，上海人民出版社 1994 年版，第 318 页。

会议上读这首词，对同志的希望，对未来局势的隐忧，得到了含蓄、稳妥的表达。

毛泽东在古典小说方面的深厚素养赋予他特殊的领袖风格。他通过这些古典小说的典型人物和故事，得心应手地把自己的思想、意志、策略自然而生动形象地传递给他的战友、下属、人民群众。尤其是家喻户晓的《三国演义》《红楼梦》《水浒传》《西游记》四大名著，伴随着毛泽东度过数十春秋，对其思想和理论的形成具有潜移默化的影响，也被他赋予了崭新的内涵。

1955年10月11日，在党的七届六中全会上，谈到正确对待犯错误的同志时，毛泽东强调要准许人家继续革命，列举了鲁迅的《阿Q正传》和《水浒传》上的故事。他在会上说："我们不要当《阿Q正传》上的假洋鬼子，他不准阿Q革命；也不要当《水浒传》上的白衣秀士王伦，他也是不准人家革命。凡是不准人家革命，那是很危险的。白衣秀士王伦不准人家革命，结果把自己的命革掉了。"[1] 这种经典作品中经验教训的警示，是毛泽东自己提炼出来的，具有极大的说服力。1957年7月9日，毛泽东在上海干部会议上，在讲到反对官僚主义的问题时，鼓励干部要正确对待自己，正确对待自己的错误，鼓励干部在整风中锻炼，引用了《西游记》的故事："孙悟空不是很厉害的人物吗？人家说是'齐天大圣'呀，还要在八卦炉里头烧一烧。"在讲到干部与群众的关系时，毛泽东引用了《三国演义》的故事："刘备得了孔明，说是'如鱼得水'，确有其事，不仅小说上那么写，历史上也那么写，也像鱼跟水的关系一样。群众就是孔明，领导者就是刘备，一个领导，一个被领导。"[2] 这样的比喻，使人很容易理解和接受。

1959年9月，毛泽东与韶华谈到了中国的古典小说。谈到了《西游记》，他表示自己十分赞赏孙悟空敢作敢为，勇于同多种妖魔鬼怪作斗争的性格，说孙悟空敢于违背唐僧的"千日行善，善犹不足；一

① 黄丽镛：《毛泽东读古书实录》，上海人民出版社1994年版，第220页。
② 《毛泽东年谱》第3卷，中央文献出版社2013年版，第188页。

日行恶，恶常有余"的信条，信奉"行善即是除恶，除恶即是行善"。①

1960年2月，毛泽东在阅读苏联《政治经济学教科书》的读书小组会上，谈到了《红楼梦》。他说："我国很早以前就有土地买卖。《红楼梦》里有这样的话：'陋室空堂，当年笏满床。衰草枯杨，曾为歌舞场。蛛丝儿结满雕梁，绿纱今又在蓬窗上。'这段话说明了在封建社会里，社会关系的兴衰变化，家族的瓦解和崩溃。这种变化造成了土地所有权的不断转移，也助长了农民留恋土地的心理。……我国的家长制度的不能巩固是早已开始了。《红楼梦》中就可以看出家长制度是在不断分裂中。贾琏是贾赦的儿子，不听贾赦的话。王夫人把凤姐笼络过去，可是凤姐想各种办法来积攒自己的私房。荣国府里的最高家长是贾母，可是贾赦、贾政各人又有各人的打算。"② 这种分析运用了马克思主义的观点，又结合了《红楼梦》的故事，便于人们理解。

1961年11月17日，毛泽东读了郭沫若所作《孙悟空三打白骨精》，和诗一首："一从大地起风雷，便有精生白骨堆。僧是愚氓犹可训，妖为鬼蜮必成灾。金猴奋起千钧棒，玉宇澄清万里埃。今日欢呼孙大圣，只缘妖雾又重来。"这表达了领袖对《西游记》人物的那种敌、友、我关系的独特理解。

同年12月，在中央政治局常委和各大区第一书记会议上，毛泽东针对这些经典小说对待妇女的态度问题发表了讲话说："《金瓶梅》是《红楼梦》的祖宗，没有《金瓶梅》就写不出《红楼梦》。但是，《金瓶梅》的作者，不尊重女性，《红楼梦》、《聊斋志异》是尊重女性的。""《红楼梦》是很精细的社会历史。"③

对于《水浒传》这本书，毛泽东晚年更是作过一番独特的评论。

---

① 黄丽镛：《毛泽东读古书实录》，上海人民出版社1994年版，第269页。

② 同上书，第272页。

③ 同上书，第281页。

他在与芦荻①探讨四大名著小说的评价问题时指出："《水浒》这本书好就好在投降。做反面教材，使人民都知道投降派。《水浒》只反贪官，不反皇帝。屏晁盖于一百零八人之外。宋江投降，搞修正主义，把晁盖的聚义厅改为忠义堂，让人招安了。宋江同高俅的斗争，是地主阶级内部这一派反对那一派的斗争。宋江投降了，就去打方腊。这支农民起义军队伍的领袖不好，投降。李逵、吴用、阮小二、阮小五、阮小七是好的，不愿意投降。鲁迅评《水浒》评得好，他说：'一部《水浒》，说得很分明：因为不反对天子，所以大军一到，便受招安，替国家打别的强盗——不"替天行道"的强盗去了。终于是奴才。'"②毛泽东对《水浒》的评论，以马克思主义的眼光洞悉一切，与鲁迅的评论，英雄所见略同。他的评论，游刃于历史与现实、艺术与政治之间，是指导人们科学对待和理解这部古典小说及其思想的指南。

毛泽东对中国的历史地理文化十分钟爱。跟随毛泽东身边工作的人们都了解，毛泽东每到一处，首先要了解当地的历史情况、地理沿革、文物掌故及风土人情等，这已成为习惯。③ 1986 年 9 月 5 日，杨尚昆在中共中央文献研究室的座谈会上曾经讲到毛泽东的这一工作习惯："他外出到哪个省，都要预先对那个省的省志及某些县的县志都翻阅一下。见了省里、县里的干部，他总要先讲讲开玩笑的话。比如到石家庄附近的正定县，他就讲，赵子龙是你们这里人，你们知道不知道？到河南，他就讲关云长不是山西人，是河南人。说关云长本不姓关，因为在河南有了人命案，逃往山西，到了潼关人家问他姓什么，他一下子说不上来，一看这里是潼关，就说我姓关。"④

曾经长期在毛泽东身边工作的师哲，也回忆了毛泽东这方面极大的魅力。他回忆在延安第一次见到毛泽东的情景："这就是我们朝思暮想的、做梦也想见到的伟大领袖毛泽东！……在这样一位伟人面前

① 芦荻帮助毛主席读《水浒》的情况，见逄先知主编《毛泽东传》，中央文献出版社 2003 年版，1748 页。

② 《建国以来毛泽东文稿》第 13 册，中央文献出版社 1998 年版，第 457 页。

③ 张贻玖：《毛泽东读史》，当代中国出版社 2005 年版，第 39 页。

④ 黄丽镛：《毛泽东读古书实录》，上海人民出版社 1994 年版，第 6 页。

我不免有些紧张。……毛泽东话锋一转，又问我：'你是哪里人？'
'陕西韩城人。'我答。毛泽东立即说：'噢，你是司马迁的同乡嘛！'
我首先是惊讶，接着是觉得毛泽东一下子就把我同他拉近了。我不知
道自己对毛泽东是佩服？是崇敬？是亲近？或者三者都是！我不知道
毛泽东的知识有多渊博？脑海的容量究竟有多大？他能同任何人找到
共同语言，高深莫测啊！接着毛泽东又谈起了韩城的龙门，谈'禹门
三叠浪，平地一声雷'的出处；又谈黄龙山的走向，自西向东，绵延
至韩城境内，谈黄龙山命名的起因，说延安的崂山也属黄龙山山脉。
我前面已有的感觉又大大加强了，我佩服得五体投地。他在我心目中
已有的威信和高大形象更具体化了！"①

　　1943 年，毛泽东在延安第一次见到薄一波时，知道他原籍山西定
襄人，就谈到了汉文帝的母亲姓薄，汉文帝被封为代王，建都就是在
山西中部。1942 年底，毛泽东第一次知道张稼夫是山西文水人，就
说，你们县里出了个女皇帝啊！（指武则天）

　　1948 年 11 月 4 日，人民解放军解放了南阳，毛泽东亲自写新闻消
息，文中寥寥几笔就凸显南阳这个地方不同一般："南阳为古宛县，
三国时曹操与张绣曾于此城发生争夺战。后汉光武帝刘秀，曾于此地
起兵，发动反对王莽王朝的战争，创立了后汉王朝。民间所传二十八
宿，即刘秀的二十八个主要干部，多是出生于南阳一带。"② 短短几十
个字，使得南阳的战略地位及其在人们头脑中"人杰地灵"的印象加
深，同时也对解放军解放南阳的意义和神勇气势有了生动深刻的理解。

　　1975 年毛泽东第一次见到前来帮助他读书的北大教授芦荻时，就
引用了刘禹锡《西塞山怀古》诗中的"从今四海为家日，故垒萧萧芦
荻秋"的句子，创造了宽松的人际气氛。

　　毛泽东第一次见到前来为之做眼科手术的大夫唐由之，就说：
"你的名字出自《论语》，'民可使由之，不可使知之'吧？"接着，

　　①　师哲：《我的一生》，人民出版社 2001 年版，第 120 页。

　　②　黄丽镛：《毛泽东读古书实录》，上海人民出版社 1994 年版，第 173—174
页。

他又提到鲁迅《悼杨铨》诗中"岂有豪情似旧时，花开花落两由之"。并说："你可不要按孔夫子的'由之'去做，而要按鲁迅的'由之'去做。"

1954年，毛泽东第一次见到英文秘书林克时，得知他幼时曾在保定住过，就说保定有个莲花池，是北洋军阀曹锟的花园，提到曹锟用5000银元收买500名"猪仔议员"的贿选丑闻。

毛泽东对祖国优秀文化遗产的尊重、吸收和扬弃，为其民族精神的形成提供了博大精深的文化基础。这种文化基础，既是具有中国特色的，也是当代至高顶尖的。这也决定了毛泽东民族精神的极高价值。

（二）中国革命实践的历练和激发

时势造英雄。毛泽东的民族精神的产生还基于中国革命和建设实践的历练和激发。从某种意义上说，他的民族精神就是对于革命和建设实践经验的不断概括和总结。

毛泽东的童年正处于辛亥革命的前夕。封建主义统治者的昏庸残忍和帝国主义入侵的危机，促成了他超越一般小农的眼光，确立了"国家兴亡，匹夫有责"的爱国主义情怀。同时，他在一切社会变革中站在人民大众一边，产生强烈的救国救民的心理。他13岁那年读了《盛世危言》一书，后来回忆说："我当时非常喜欢这本书。作者是老的改良主义学者，认为中国之所以弱，在于缺乏西洋的装备——铁路、电话、电报、轮船，所以想把这些东西引进中国。"[1] 为此他还从家里出走，寻求新知识去了。

发生在1906年的长沙饥民暴动，那些吃不上饭的老百姓走投无路起来暴动，结果大批被抓被杀，被杀的老百姓的头颅被挂在旗杆上示众。毛泽东回忆说："这件事影响了我的一生。""这件事在我们学校里议论了许多天，给我留下了深刻的印象。大多数学生都同情'叛乱

---

① 《毛泽东自述》，人民出版社1993年版，第9页。

分子'，但他们仅仅是从旁观者的立场看问题。他们并不明白这同他们自己的生活有什么关系。……我却从此把它记在心上。我觉得和'暴民'在一起的也是些像我自己家里那样的普通人，对于他们受到的冤屈，我深感不平。"① 不久，当地一个彭铁匠领导了哥老会的反政府的起义，后来被镇压，彭铁匠也被斩首。毛泽东同情这次起义，认为彭铁匠是一个英雄。毛泽东觉悟到这些事件与自己的根本利害关系，对旧社会的反抗意识和救国救民的责任心与日俱增。他总结这段经历时说："这些接连发生的事情，在我那早有反抗意识的年轻头脑里，留下了不可磨灭的印象。也就在这个时候，我开始有了一定的政治觉悟，特别是在我读了一本关于瓜分中国的小册子以后。……我读了以后，对国家的前途感到沮丧。我开始认识到，国家兴亡，匹夫有责。"②

在长沙第一师范读书的时期是毛泽东政治思想开始形成的时期。当时，毛泽东看到了《民立报》等新闻报纸，理解到广州反清起义及其七十二烈士的事迹，与同学相约剪掉了辫子，目睹了辛亥革命在武汉和长沙发生的情况，参加了国民革命军的正规军并服役半年，最后根据"自己最适合于教书"的判断考入了湖南第一师范。在第一师范读书的五年期间，毛泽东经历了不少事情，特别是接触到杰出的伦理教师杨昌济等一批优秀的教师。"我的政治思想在这个时期开始形成。我最早的社会经验也是在这里取得的。"③

当时湖南的青年人留学法国勤工俭学成为时尚，甚至四十多岁的徐特立也放弃教席到法国去留学。毛泽东协助组织这个运动，奔波于湖南与北京之间。但是，他自己并不想到法国去。他后来回忆说："虽然我协助组织了这个运动，而且新民学会也支持这个运动，但我并不想去欧洲。我觉得我对我自己的国家了解得还不够，把我的时间花在中国会更有益处。"④ 这种更加注重本国情况研究的思想日后产生

① 《毛泽东自述》，人民出版社 1993 年版，第 11—12 页。
② 同上书，第 13 页。
③ 同上书，第 25 页。
④ 同上书，第 32—33 页。

了十分巨大的影响。

在五四运动中，毛泽东在湖南创办了《湘江评论》，同时积极推动驱除湖南督军张敬尧的斗争。作为《湘江评论》的主编，在该刊存在的一个多月的时间内，毛泽东为之写了40篇文章。文章写好了还要自己编辑，自己排版，自己校对，有时还要亲自上街叫卖。在这些文章中，他讴歌浩浩荡荡的新思潮，赞扬打倒贵族的十月革命，号召民众联合的力量。特别是毛泽东连续发布"三论"即《论民众的大联合》的三篇文章，影响更是不同寻常。他提出："我们竖看历史，历史上的运动不论是哪一种，无不是出于一些人的联合。较大的运动，必有较大的联合。最大的运动，必有最大的联合。"① 这表明毛泽东越来越重视人民群众改造社会的力量，必须实现民众的大联合，才能实现救国救民的理想。这是毛泽东思想上一个明显的变化。当时北京出版的《每周评论》杂志第36期载文评价《湘江评论》和毛泽东的《民众的大联合》的文章说："《湘江评论》的长处是在议论的一个方面。第二、三、四期的《民众的大联合》一篇大文章，眼光很远大，议论也很痛快，确是现今的重要文字。"② 此时，曾于1918年3月进入湖南的皖系军阀张敬尧，正在倒行逆施，野蛮封闭《湘江评论》，强行解散学联，敌视湖南爱国运动。毛泽东组织了湖南学界和新闻界，利用当时北洋军阀直、皖两系的矛盾，发动声势浩大的驱逐张敬尧运动。长沙各校罢课，派出代表团到北平、广州、上海、衡阳、郴州联络。毛泽东就是这场驱张运动的主要领导者，他还亲自率团到北京请愿，要求撤惩张敬尧。经过七次请愿，发布大量的宣传材料，直接向北洋政府总理痛陈张敬尧恶政。在各种因素的逼迫下，1920年6月，张敬尧被轰出湖南。驱张斗争取得了胜利。从此，毛泽东的名字频频出现于报端。当时病中的杨昌济先生，写信向广州军政府推荐毛泽东、蔡和森二人，指出：吾郑重语君，二子海内人才，前程远大，君不言

---

① 中共中央文献研究室编：《毛泽东传（1893—1949）》，中央文献出版社2004年版，第52—53页。

② 同上书，第54页。

救国则已，救国必先重二子。① 可见，在推动社会进步的实践中，毛泽东这时已经历练得相当出众了。

在创建无产阶级政党和大革命的实践中，毛泽东的才干和理论修养逐渐崭露革命领袖的锋芒。毛泽东在湖南创办和主持的新民学会，经过辩论和分化，留下来的大部分成员成为拥护布尔什维克、信仰马克思列宁主义的团体。后来，学会成员早期入党的达 31 人，其中毛泽东、蔡和森、向警予、易礼容、李维汉、罗章龙、郭亮、夏曦共 8 人先后担任了党的重要领导职务。当时的一位会员萧子升后来回忆说："1920 年，新民学会出现了分裂，在毛泽东领导下，那些热衷共产主义的人，形成了一个单独的秘密组织。"② 这个秘密组织就是毛泽东领导的长沙共产主义小组。当时正在上海筹建共产党发起组的陈独秀，计划首先把北平、汉口、长沙、广州的共产主义小组作为建党基础，并致信毛泽东委托他发动湖南的中共小组，同时邮寄了建党的有关材料。这些情况，张国焘在《我的回忆》中说："陈先生与在湖南长沙主办《湘江评论》的毛泽东等早有通信联络，他很赏识毛泽东的才干，准备去信说明原委，请他发动湖南的中共小组。"③ 1920 年 11 月，毛泽东经过慎重考虑和物色，与何叔衡等 6 人在建党文件上签字。

毛泽东在参加建党的同时，积极筹备建立社会主义青年团。他积极发动，四出考察，慎重选择，一心寻找"真同志"，终于 1921 年 1 月 13 日建立了湖南社会主义青年团。成立时有团员 16 人，毛泽东任书记。由于注重建团的质量，湖南的团组织稳定发展，避免了北平、上海的团组织旋起旋灭的结果。

毛泽东作为创建党的 12 名代表之一，参加了 1921 年 7 月 23 日在上海和嘉兴举行的中国共产党成立大会。在与会的 12 名代表中，毛泽东并不像许多代表那样引经据典、饱读马列，而显得老成持重，很注意听取别人的发言。他更加注重实际的组织和开展党的工作。中国共

---

① 中共中央文献研究室编：《毛泽东传（1893—1949）》，中央文献出版社 2004 年版，第 56 页。

② 同上书，第 78 页。

③ 同上。

产党成立之后，他创办湖南自修大学，提高党的骨干的理论水平；成立中国劳动组合书记部湖南分部并任主任，七次奔赴安源煤矿发动工人斗争，完善党的组织工作；主持粤汉铁路总工会成立大会，举行了有效的罢工、示威游行活动，直接与湖南军阀压制工会的行为作斗争。党的总书记陈独秀在党的三大总结工作时，突出赞扬了毛泽东主持的湖南的工作不同寻常："就地区来说，我们可以说，上海的同志为党做的工作太少了。北京的同志由于不了解党组织，造成了很多困难。湖北的同志没有及时防止冲突，因而工人的力量未能增加。只有湖南的同志可以说工作得很好。"① 所以，党的三大之后，陈独秀决定调毛泽东到党中央工作，派李维汉回湖南主持湘区的工作。经过两年领导工人斗争的历练，毛泽东已经成长为一个年轻而老练的革命家。他善于依靠和组织群众、培育骨干、注重策略、利用矛盾、争取舆论、以合法斗争掩护非法斗争，表现了出色的领袖才干。

在反对北洋军阀统治的第一次国共合作期间，毛泽东出席了1924年春天在广州召开的国民党第一次全国代表大会，回到上海就在中共中央执行局工作并兼任国民党上海执行局的委员，协调共产党与国民党的行动。当年冬天，毛泽东回湖南养病期间，认识到湖南农民运动极具战斗性，接着组织了湘潭的农民运动，成为湖南全省农民运动的中心。几个月的时间内，他组织了二十几个地方的农民协会，掀起农村革命的风暴。毛泽东的行为，引起地主的愤怒，遭到军阀的通缉，他只好逃到广州。

在广州，他担任国民党宣传部主办的刊物《政治周报》的编辑，接着担任国民党宣传部代理部长，同时开办了广州农民运动讲习所，训练来自21个省份的农民运动的骨干。毛泽东在此期间写的《中国社会各阶级的分析》主张实行土地革命，共产党应该大力组织农民运动。这些主张遭到党的总书记陈独秀的否定。1926年春，毛泽东回到上海主持中共中央农民部的工作，接着派到湖南作为农民运动视察员。

---

① 中共中央文献研究室编：《毛泽东传（1893—1949）》，中央文献出版社2004年版，第93—94页。

毛泽东深入考察了湖南长沙、醴陵等五个县的农民组织情况，写出了《湖南农民运动考察报告》。虽然在武汉召开的省际农民联席会议通过了决议，采纳毛泽东的意见，但陈独秀把持的党的第五次代表大会仍然否决了毛泽东的正确意见。

尽管这样，毛泽东还是继续进行组织农民的工作，全国农民协会成立，毛泽东担任主席。湘、鄂、赣、闽等省的农民运动表现出惊人的战斗精神。国民党高级官员开始要求镇压农民运动。1927 年，蒋介石发动"四·一二"反革命政变，大肆屠杀共产党人和进步人民群众，白色恐怖遍于国内。陈独秀仍然坚持右倾投降主义政策，指责毛泽东领导农民暴动。陈的行为遭到党内普遍的反对，毛泽东与之分道扬镳。当年在武汉召开的党中央"八·七会议"，撤销了陈独秀的总书记职务，决定放弃与国民党合作的希望，开始了公开的夺取政权的斗争。这一段政治生涯的经历，使得毛泽东关于中国革命的性质、农民运动、统一战线、武装斗争有了基本的看法。

蒋介石发动的反革命政变及其大屠杀，激发了中国共产党内对独立进行武装斗争的认同。毛泽东被党中央派到长沙发动起义。1927 年 9 月，毛泽东制定了"组织工农革命军"、"组织苏维埃"等内容的行动纲领，并成功地组织了湖南秋收起义，建立了工农革命军第一军第一师。毛泽东担任前敌委员会书记，把这支队伍带上了井冈山。当时的党中央不批准秋收起义的纲领，撤销了毛泽东的政治局委员和前敌委员会书记的职务。毛泽东在被撤职的时候仍然坚持工作。他坚信："我们执行的路线是正确的。"[①] 毛泽东坚定不移地领导红军第一师守住了井冈山，并团结了军队。他坚决拒绝了对地主实行烧杀抢掠的恐怖政策，推行民主纲领和稳妥的政策，虽然遭到盲动主义的斥责，但获得了稳步的发展。

接着，毛泽东吸收了井冈山当地以王佐和袁文才为首领的地方武装加入红军，1928 年 4 月朱德来到井冈山会合。在根据地的发展中，毛泽东作出了计划：建立六个县的苏区，逐步巩固湘赣粤边区的工农

① 《毛泽东自述》，人民出版社 1993 年版，第 54 页。

政权，向更大地区扩展。毛、朱领导的井冈山根据地与主张进攻长沙的冒险主义、主张撤退到广东去的逃跑主义作斗争，坚持武装群众分田地、建立苏维埃。这一主张在 1928 年召开的井冈山地区的苏区代表大会上，经过充分的讨论和争论，形成决议，后来得到党的第六次代表大会的赞成。井冈山根据地的建立和发展，形成了强大的影响，鄂豫皖赣地区的其他根据地不断出现，到井冈山来的军队越来越多。

　　毛泽东对军队进行改编，建立了第四军、第五军。1929 年 1 月，根据地开始向四周各县扩展。为了把由各种成分组成的红军建设成具有高水平科学思想指导的队伍，毛泽东领导整顿红军，克服了红军中存在的"游击主义"和"流寇主义"倾向，以及缺乏纪律、极端民主化和组织松懈等问题。毛泽东为这支队伍制定了"行动听指挥、不拿群众一针一线、一切缴获要归公"为内容的"三大纪律八项注意"，制定了"敌进我退、敌驻我扰、敌疲我打、敌退我追"为内容的游击战术，召开了红四军第九次代表大会。毛泽东在回忆时说："逐渐地，红军的群众工作改进了，纪律加强了，新的组织方法也摸索出来了。农民到处开始自愿帮助革命了。"① 红军打败了蒋介石的三次"围剿"，名声大震，发展迅速。

　　1931 年 11 月召开第一次苏维埃代表大会，建立中央苏维埃政府，毛泽东当选为主席。革命形势，如星火燎原，各路革命力量纷纷前来会合。特别是在粉碎蒋介石发动的第四次"围剿"中，红军歼灭敌人两个师，俘虏 1.3 万敌军，歼灭蒋介石最精锐的部队第 11 师。蒋介石写信给战地司令官陈诚说：这次失败是他一生中"最大的耻辱"，陈诚也对别人说，长期与红军作战简直就是"无期徒刑"。在复杂激烈的国内革命斗争中，毛泽东已经能够掌握规律，坚持农村包围城市的道路，善于应对各种复杂的情况，使革命力量不断壮大。

　　1934 年 10 月至 1935 年 10 月，红军完成了万里长征这一中国历史乃至世界历史上的伟大壮举。在这一年的时间里，特别是在中央政治局遵义会议实际上确立了毛泽东在党内和红军的领导地位之后，毛泽

---

① 《毛泽东自述》，人民出版社 1993 年版，第 61 页。

东展示了卓越的政治和军事领导才能。红军的长征处境艰难，上有蒋介石飞机的侦察和轰炸，下有几十万军队的围追堵截，然而在毛泽东为代表的党中央的领导下，红军凭着革命理想的力量，越过了人迹罕至的大沼泽地，翻越了18座山峰，5座大雪山，穿过了24条河流，路过了11个省份，通过了6个少数民族地区，胜利到达陕北，达到了北上抗日的战略转移。敌人的围追堵截逼出了回旋行军的大迁回战术；少数民族地区的通过锻炼了党对少数民族地区的思想政治工作能力，讲清汉人的军队有"红"、"白"之分；长征的红军使传统的"兵"的概念完全改变了，红军的兵不是官方雇佣的混饭吃的人群，而是怀着崇高理想、为争取革命胜利随时准备献身的勇士。

在抗日战争时期，对外反侵略战争和国内阶级斗争的矛盾使得毛泽东具有了在抗日救亡与实现新民主主义革命目标的旗帜下，处理了一系列复杂的国际国内问题，促进了他的思想的成熟和发展。在日本帝国主义侵略面前，必须改变原来进行国内阶级斗争的做法，从战略到策略都必须做出相应的变通。能不能正确处理这些问题，这是对毛泽东为代表的中国共产党人的新的考验。毛泽东正确破解了这些问题，他划分出新民主主义与社会主义革命两个阶段的不同性质和任务，分阶段地进行革命斗争；他还实行坚决的抗战政策，成为抗日的中坚力量；不仅如此，毛泽东还倡导抗日统一战线的政策，区别对待蒋介石与汪精卫；对待国民党内坚持"消极抗日，积极反共"的顽固派，也形成了既团结、又斗争的政策；揭露英法美等帝国主义国家对待法西斯的妥协态度，促进国际反法西斯战线的形成；灵活性使中国工农红军改为八路军，团结一致抗日；原则性使得解放区保持独立自主，人民的武装决不能交出去，也决不到国民党政府去做官；在严重的经济困难面前，毛泽东发起空前的大生产运动，号召自己动手，丰衣足食；共产党在抗日战争期间成为全国的希望，延安成为全国进步力量向往的地方。

抗战后，毛泽东大义凛然亲赴重庆去谈判，表现了中国共产党人争取国内和平的诚意和努力。这丰富的革命实践经验，促进了毛泽东的民族精神的形成和发展。人们日后常常提到的延安精神就包含着毛泽东民族精神的许多内容。

　　经过长达 28 年的武装斗争和革命根据地建设的经验，毛泽东成为党和国家的主要缔造者。他领导和指挥中国人民解放军以排山倒海之势，横扫千军如卷席，打败了蒋介石的八百万军队，解放了全中国。他真正创造性地把马克思列宁主义中国化，实现了两次飞跃，进行了富有中国特点的社会主义改造，确立了中国的社会主义制度，并进行了 20 年的艰辛努力，探索中国式的社会主义建设道路，正确处理社会主义建设的十大关系，正确处理人民内部矛盾，建设社会主义现代化，培养无产阶级革命事业接班人，反对大国沙文主义和霸权主义，防止社会主义国家发生资本主义复辟，为在新时期创立中国特色社会主义提供了宝贵经验、理论准备和物质基础。

　　在中国社会主义革命和建设的丰富实践中，最终形成和丰富了毛泽东的民族精神。

（三）对马克思列宁主义的科学世界观的融会贯通

　　领袖不是天生的，民族英雄的产生也不是一念之差。炽烈的爱国热情只有与当代世界最科学的理论相结合，才能产生具有最高思想境界的思想家和革命家。毛泽东的民族精神之所以产生，一个十分重要的思想条件，就是他对马克思列宁主义科学宇宙观的学习、掌握和运用。马克思列宁主义科学宇宙观是毛泽东的民族精神的灵魂。

　　任何人，包括工人阶级的成员，是不能自发产生马克思主义的。这是列宁主义关于党的思想建设的一个重要论断。一个共产党员或干部，不懂马列主义，其理想信念、政治立场都无从谈起。只有学习和掌握马克思主义的理论体系，才能谈得上具有马克思列宁主义的理论修养，才能达到科学的境界。

　　马克思列宁主义的科学世界观和科学社会主义学说，是指导世界人民和无产阶级政党求解放的学说。这一科学的学说借俄国十月革命的浪潮在中国波澜壮阔地传播开来。毛泽东是中国最早掌握马克思列宁主义理论武器并运用其解决中国革命问题的先进人们的代表。他如饥似渴地学习马克思列宁主义，联系中国的实际运用马克思列宁主义，直到他逝世前的一天还要学习和读书。在思想理论方面，他不愧为当代世界和中国最伟大的思想家和理论家之一。他带领中国人民创造了崭新的、民族的、大众的、科学的新文化。这种独具特色的社会主义新文化的灵魂，就是毛泽东的民族精神。

毛泽东是在五四运动之后最早接受马克思列宁主义的人们中的一个。他在接受美国记者斯诺采访时说："1920 年冬天，我第一次从政治上把工人们组织了起来，在这项工作中马克思主义理论和俄国革命史的影响开始对我起指导作用。我第二次到北京期间，读了许多关于俄国所发生的事情的文章。我热切地搜寻当时所能找到的极少数共产主义文献的中文本。有三本书特别深刻地铭记在我的心中，使我树立起对马克思主义的信仰。我接受马克思主义、认为它是对历史的正确解释，以后，就一直没有动摇过。这三本书是：陈望道译的《共产党宣言》，这是用中文出版的第一本马克思主义的书；考茨基的《阶级斗争》，以及柯卡普著的《社会主义史》，到了 1920 年夏天，我已经在理论上和在某种程度的行动上，成为一个马克思主义者，而且从此我也自认为是一个马克思主义者了。"[1]

毛泽东在 1918 年，由杨昌济先生介绍给李大钊，担任北京大学图书馆助理员，当时的毛泽东"曾经迅速地朝着马克思主义方向发展"。毛泽东认为，在这方面，陈独秀对他也有帮助。"我第二次到上海去的时候，曾经和陈独秀讨论我读过的马克思主义书籍。在我一生中可能是关键性的这个时期，陈独秀表明自己信仰的那些话给我留下了深刻的印象。"[2]

毛泽东在谈到长征的胜利时，也把原因归结到对马列主义的忠诚。他说："红军的胜利行军，以及它的胜利到达甘陕并保存自己的有生力量，首先是由于共产党的正确领导，其次是由于苏维埃人民的骨干

---

① 《毛泽东自述》，人民出版社 1993 年版，第 39 页。
② 同上书，第 41 页。

的伟大的才能、勇气、决心以及几乎超人的忍耐力和革命热情。中国共产党过去、现在、将来都忠于马列主义，并将继续进行斗争反对一切机会主义倾向。它之所以不可战胜和必然取得最后胜利，其原因之一就在于这种决心。"①

1937年夏天，在卢沟桥事变前后的几个星期里，毛泽东在延安有一个相对空闲的时间。当时，一切部署停当了，军队开赴前线了，毛泽东就腾出时间收集材料，抓紧备课，写出了为抗大学员讲授哲学课程的讲义《辩证法唯物论》（讲授提纲）。这就是后来在《毛泽东选集》中分别以《实践论》和《矛盾论》书名发表的文章的原稿。这是毛泽东第一次系统地梳理马列主义的哲学原理。从这一讲义可以看出，毛泽东对马列主义哲学原理的理解是准确的和系统的，他的语言是朴实和易懂的，他论述的内容是联系实际的。这"两论"的科学性经历漫长岁月的考验而日益明显。这说明当时他的马克思列宁主义的理论修养达到了相当高的造诣。

在1939年毛泽东与斯诺的谈话中，当斯诺问道：苏联是否可能派遣抗日的武装远征队来支持中国新疆、内蒙古和满洲的抗日民族解放运动时，毛泽东坚定地回答："按照列宁主义，这种可能性是存在的……但是，根本的问题是中国人自己打不打。"② 这显示了毛泽东对列宁主义的国际主义的深刻而准确的理解，同时，毛泽东又把问题的重点转向对国内蒋介石抗战的敦促和压力。由此，也可以看出，毛泽东判断问题，还是从列宁主义的基本原则出发的。

毛泽东不但一生始终注重马克思列宁主义的学习和运用，而且十分注意带领全党一起学习和掌握马克思列宁主义的基本理论。每当革命和建设发展到一个重要的关头，每隔三五年，毛泽东总是提议和组织全党集中一段时间和精力学习马列主义著作。这已经成为我们党的一个光荣传统。

早在1938年9月至11月，在党的六届六中全会上，毛泽东提出：

---

① 《毛泽东自述》，人民出版社1993年版，第73页。
② 同上书，第151页。

"不但应当了解马克思、恩格斯、列宁、斯大林他们研究广泛的真实生活和革命经验所得出的关于一般规律的结论，而且应当学习他们观察问题和解决问题的立场和方法。我们党的马克思列宁主义的修养，现在已较过去有了一些进步，但是还很不普遍，很不深入。……在担负主要领导责任的观点上说，如果我们党有一百个至二百个系统地而不是零碎地、实际地而不是空洞地学会了马克思列宁主义的同志，就会大大地提高我们党的战斗力量，并加速我们战胜日本帝国主义的工作。"① 很清楚，要产生一两百个系统的、实际的马克思主义者，不读马列的著作是不行的，不在大范围里开展学习马列原著的活动是不行的。因此，在延安整风过程中，中央专门组织专家班子，翻译马列主义著作，出版了干部必读系列书籍，提出干部要读 20—30 本马列主义的著作。

1945 年 6 月，党的七大通过的党章里，明确规定："中国共产党，以马克思列宁主义的理论与中国革命的实践之统一的思想——毛泽东思想，作为自己一切工作的指针，反对任何教条主义的或经验主义的偏向。中国共产党以马克思主义的辩证唯物主义与历史唯物主义为基础，批判地吸收中国的与外国的历史遗产，反对任何唯心主义的或机械唯物主义的世界观。"② 正是在这个时候，毛泽东提出要读五本马列主义的书。他在党的七大的口头政治报告中提出党员干部要读的马列主义五本书是：马克思、恩格斯《共产党宣言》；恩格斯《社会主义从空想到科学的发展》；列宁《在民主革命中社会民主党的两个策略》和《共产主义运动中的"左派"幼稚病》；还有斯大林主持编写的《联共（布）党史简明教程》。毛泽东说："马、恩、列、斯的书多得很，如果先读了这五本书，就差不多了。"③ 在毛泽东看来，党章确定毛泽东思想的指导地位，不等于可以不读马列主义的书了。毛泽东的逻辑很明显：越是确立了中国化马克思主义的指导地位，越是需要加

---

① 《毛泽东选集》第 2 卷，人民出版社 1991 年版，第 533 页。

② 《中国共产党章程汇编》，中共党史出版社 2007 年版，第 44 页。

③ 《毛泽东文集》第 3 卷，人民出版社 1996 年版，第 350—351 页。

强对马列主义著作的学习。不应该因为强调和突出眼下的马克思主义中国化的新成果，而省略或忽略对马列主义的老祖宗基本著作的学习。

党的七大以后，毛泽东一贯强调读马列主义的著作，强调马列主义的指导地位。在实践中，为了维护和坚持马克思主义的指导地位，毛泽东既不同意"毛泽东主义"这个提法，也不同意"主要的要学毛泽东主义"的说法。1948 年 8 月，他在致吴玉章同志的信中严肃地指出："不是什么'主要的要学毛泽东主义'，而是必须号召学生们学习马恩列斯的理论和中国革命的经验。""另外，有些同志在刊物上将我的名字和马恩列斯并列，说什么'马、恩、列、斯、毛'，也是错误的。"① 毛泽东反对把中国化的马克思主义摆到马列主义老祖宗的前面，反对提出"主要地学习毛泽东著作"的提法和做法。这表明，在马克思列宁主义面前，他有一个科学的态度，实事求是地把自己摆在马克思、列宁学生的位置。这也表现了他高尚人格的魅力。

马克思列宁主义是我们党的指导思想，是立党的根本，立国的灵魂。我们的国家能不能沿着正确的方向前进，关键在于是不是真正坚持马克思列宁主义。所以，不断地、理论联系实际地进行马克思列宁主义基础理论研究，在党内把重大的理论问题弄清楚，是一项不可忽视的重要任务。要做到这一点，就必须有计划、有组织地不断开展攻读马克思列宁主义原著的活动。

毛泽东从来没有忘记督促党的领导干部读马列主义的书。1948 年 9 月，毛泽东在中央政治局会议上的报告，就进一步督促中央委员和政治局委员必须攻读马列主义著作。他说："我们党的水平，必须承认还是低的，必须提高一步。这样大的党，在许多基本理论问题上或是不了解，或是不巩固，如划阶级就表现了我们党理论水平之低。党内有许多新知识分子和工农干部，对许多基本观点不知道，对许多问题不会解释。""如果要求大家读全部马列选集，也不现实，可以挑选一些，不然书那么多，读起来也是困难。华东局印了五本，说是有人在读。如果五本不够，可以选十本，包括《联共（布）党史》《列宁

① 《毛泽东文集》第 5 卷，人民出版社 1996 年版，第 123 页。

主义概论》《帝国主义论》在内。……宣传部可以研究一下，看挑些
什么书好，五本不够就十本，但是不要太多，多则不灵。"①

　　1949 年 3 月间，党的七届二中全会决定列出 12 本马列主义的书，
作为"干部必读"。中央为此专门发了文件。这 12 本书是：《社会发
展简史》（这是毛泽东建议加上去的一本干部必读）、《政治经济学》
《共产党宣言》《社会主义从空想到科学的发展》《帝国主义是资本主
义的最高阶段》（亦简称"帝国主义论"）、《国家与革命》《共产主义
运动中的"左派"幼稚病》《论列宁主义基础》、《联共（布）党史简
明教程》《列宁斯大林论社会主义建设》《列宁斯大林论中国》《马恩
列斯思想方法论》（系毛泽东在延安时亲自编辑）。"干部必读" 12 种
成为新中国成立初期广大干部、党员群众学习马列主义理论的必备书
籍。毛泽东在党的七届二中全会上的总结，向全党提出要在 3 年内把
这 12 本书读 1—2 遍，争取有 3 万干部读完这 12 本书，有 3000 人读通
这 12 本书。可见，在建国前夕，毛泽东仍然坚持强调读马列主义的
原著。

　　毛泽东始终把自己摆在马、列学生的位置，坚持"不要把毛与
马、恩、列、斯并列起来"。他认为："为什么不应当将中国共产党人
和马、恩、列、斯并列呢？我们要普遍宣传马克思主义，同时不反对
也不应当反对宣传中国的东西。但我们比较缺乏的是马、恩、列、斯
的理论，我们党的理论水平低，虽然也翻译了很多书，可是实际上没
有对马、恩、列、斯著作做很好的宣传。所以现在应当在全中国全世
界很好地宣传马、恩、列、斯关于唯物主义、关于党和国家的学说，
宣传他们的政治经济学等等，而不要把毛与马、恩、列、斯并列起来。
我们说，我们这一套是一个国家的经验，这样说法就很好，就比较好
些。如果并列起来一提，就似乎我们自己有了一切，似乎主人就是我，
而请马、恩、列、斯来做陪客。我们请他们来不是做陪客的，而是做
先生的，我们做学生。"② 毛泽东对待马列主义的这种科学态度还表现

---

① 《毛泽东文集》第 5 卷，人民出版社 1996 年版，第 137—138 页。

② 同上书，第 260 页。

在：除了马列主义之外，他不赞成再提什么主义。毛泽东举了斯大林的例子："有人说，斯大林的思想之称为学说，不称主义，是斯大林的谦虚。我看不是的，不能解释为谦虚，而是因为苏联已经有了一个列宁主义，而斯大林的思想是合乎这一主义的，并且把它贯彻到实际政策中去了。不然，有一个列宁主义，再有一个斯大林主义，那就有了两个主义。同样，中国革命的思想、路线、政策等，如再搞一个主义，那末世界上就有了几个主义，这对革命不利，我们还是作为马克思列宁主义的分店好。"① 毛泽东考虑问题的出发点是对革命事业是否有利，由于从这样的出发点考虑问题，就不能把中国化的马克思主义理论成果冠之以新的"主义"，也不能把毛与马恩列斯并列，更不能借口学习毛泽东的著作，放弃对马恩列斯著作的学习。这是毛泽东对待马克思列宁主义的一个基本态度。

1958 年 11 月，经过人民公社和"大跃进"的高潮之后，毛泽东在郑州会议上向全国的地、县级别的干部提出《关于读书的建议》。针对当时经济领域出现的"共产风"等一些脱离马克思主义的倾向和做法，他指出有两本书是要读的。一本是斯大林的《苏联社会主义经济问题》，一本是《马恩列斯论共产主义社会》。另外，他主张在攻读这两本书的基础上再加上一本苏联《政治经济学教科书》。他对这次读书的要求也很具体："读时，三五个人为一组，逐章逐节加以讨论，有两至三个月，也就可能读通了。"② 当然，他是主张理论联系实际地学习。他指出："要联系中国社会主义经济革命和经济建设去读这两本书，使自己获得一个清醒的头脑，以利指导我们伟大的经济工作。"③ 在这次读书活动中，他自己带头，持之以恒。在他发出读书建议的下一个月，他就安排了党内的著名马克思主义理论工作者和他组成学习小组，每天下午一起读书，轮流朗读，边读边议。即使是在毛泽东生日的当天也不中断读书活动。可见毛泽东读马列原著之认真。

① 《毛泽东文集》第 5 卷，人民出版社 1996 年版，第 260—261 页。
② 《毛泽东文集》第 7 卷，人民出版社 1996 年版，第 432 页。
③ 同上。

毛泽东在这次读书活动中的心得和评论，集中收集在中华人民共和国国史学会编印的清样本《毛泽东读社会主义政治经济学批注和谈话》中。虽然该书一直没有正式出版，但部分内容已经公开发表在《建国以来毛泽东文稿》第七卷中，在这有限的公开发表的篇幅中，也可以看出毛泽东学习马列主义原著的科学精神。

1959 年 6 月，毛泽东在其准备的《庐山会议讨论的十八个问题》的会议提纲中，列出的第一个问题就是讲读书的。毛泽东抓读书是认真有效的。他在会议中说："去年郑州会议提出读三本书，问读了没有，说是读了一点，读得不多，有的自己也没有读。""八月份用一个月的时间来读书，或者实行干部轮训。不规定范围，大家不会读。"① 毛泽东认为，不读马列主义的书，就很难从事务主义中解脱出来。他说："我们提倡读书，使这些同志不要像热锅上的蚂蚁，整年整月陷入事务主义，搞得很忙乱，要使他们有时间想想问题。"② 看来，毛泽东强调全党读马列主义的原著，是解决中国社会主义建设中问题的需要。他不是凭着想当然的个人理解决策，而是首先弄通马克思主义基本原理的内涵，然后联系实际加以运用。他给全党树立了一个读马列主义原著的光辉榜样，值得我们永远学习。

1963 年，党中央又提出读马列主义的 30 本书。这一次是根据国内外形势的需要，更大范围的学习马列主义原著的学习活动。正是在这之后，许多年没有读马列。在"文化大革命"期间，形势变化急剧，矛盾十分复杂，斗争千变万化，就不可能进行学习马克思列宁主义原著的活动了。这导致了严重的后果。1970 年庐山会议上绝大多数与会的中央委员不能辨别是非真假，不能坚持马克思列宁主义的科学态度，人云亦云，大讲"天才"，结果上当受骗。当年 12 月，毛泽东做出关于"认真看书学习，弄通马克思主义"和"这几年应当特别注意宣传马列"的指示。他向全党提出读 6 本马列的书的建议。这 6 本马列著作是：《共产党宣言》《哥达纲领批判》《法兰西内战》《反杜

---

① 《毛泽东文集》第 8 卷，人民出版社 1996 年版，第 75 页。
② 同上书，第 75—76 页。

林论》《国家与革命》《唯物主义与经验批判主义》。同时，重新编选的两个 4 卷本《马克思恩格斯选集》和《列宁选集》开始发行。这是毛泽东最后一次在全党发动集中学习马列主义原著活动。从延安到北京，从行踪不定的革命战争年代到和平建设时期，他的书桌上，床头上，行囊中从没有离开马列原著。毛泽东的一生，不愧为学习、实践、创新发展马克思列宁主义的一生。毛泽东是伟大的马克思列宁主义者，世界人民都承认这一事实。

毛泽东一贯强调读马列，自己的著作不能取代马列主义的基本著作。这个态度与一切实用主义的倾向划清了界限。这种科学态度转化为那一代领导集体的共识。1971 年 3 月 15 日到 7 月 29 日的全国出版工作座谈会，历时 130 多天。这次会议产生的文件《国务院关于出版工作座谈会的报告》，明确提到"要把出版马恩列斯著作、毛主席著作放在首位"①。没有打乱马恩列斯毛的顺序，这完全是毛泽东本人一贯坚持的原则。可见，在马克思列宁主义发展史上，毛泽东等老一辈革命家和领袖，为我们正确地处理现实与历史，为我们正确对待老祖宗，树立了光辉的榜样。

马列主义的科学理论孕育了毛泽东的民族精神。毛泽东对于马列主义基本著作的学习研究，对于马克思列宁主义的科学世界观的融会贯通，使得他的民族精神达到了时代的先进水平，达到了科学的境界。从某种意义上说，马列主义的科学世界观就是毛泽东民族精神的灵魂，毛泽东民族精神就是马列主义科学世界观的具体体现。

---

① 吴道弘：《马克思恩格斯列宁斯大林著作出版五十年》，《2001 年出版年鉴》2002 年版。

三

一切从实际出发的
实事求是精神

1993 年 12 月，江泽民在毛泽东诞辰 100 周年纪念大会上的讲话，概括了毛泽东思想和毛泽东精神的时代价值："毛泽东同志的革命精神具有强大的凝聚力"，"他的名字、他的思想和精神永远鼓舞着中国共产党人和各族人民，继续推动着中国历史的前进"。① 2003 年 12 月，胡锦涛在纪念毛泽东诞辰 110 周年座谈会上再次强调："毛泽东同志的革命实践和光辉业绩已经载入中华民族的史册。他的名字、他的思想、他的精神，将永远鼓舞着我们继续推动中国社会向前发展。"② 江泽民、胡锦涛在这里谈到的毛泽东的精神就包括他所体现出来的民族精神。

全面地总结和梳理毛泽东的民族精神的内涵，在新的历史条件下将其发扬光大，是坚持和发展马列主义、毛泽东思想的一个重要内容。在博大精深的毛泽东思想宝库中，只要实事求是，就不难发现毛泽东民族精神的灿烂瑰宝。

---

① 《江泽民文选》第 1 卷，人民出版社 2006 年版，第 346 页。
② 《十六大以来重要文献选编》上，中央文献出版社 2005 年版，第 642 页。

《关于建国以来党的若干历史问题的决议》在"毛泽东同志的历史地位和毛泽东思想"一章，指出：毛泽东思想以独创性的理论丰富和发展了马克思列宁主义，[①] 而毛泽东思想的灵魂，即实事求是。实事求是已经成为我们党必须永远坚持的思想路线。

如果说毛泽东 1930 年写的《反对本本主义》和《关于调查工作》两篇著作是实事求是思想提出的起点，那么《实践论》和《矛盾论》则是这一思想的理论化的系统表述。前两篇著作丢失多年。1961 年 3 月 23 日，毛泽东在广州中央工作会议上，向与会者印发了刚刚找到的《关于调查工作》一文，同时他十分动情地说："写这篇文章之前，还写了一篇短文，题目叫《反对本本主义》，现在找不到了。这篇文章（指《关于调查工作》，笔者注）是最近找出来的。别的文章丢了，我不伤心，也不记得了，这两篇文章我总是记得的。忽然找出一篇来了，我是高兴的。"[②] 在广州会议上讲话的最后部分，他又一次念念不忘地说："损失别的不伤心，损失了这些材料我比较伤心。"[③] 由此可见，这两篇文稿在毛泽东思想形成中的作用和地位。后来，毛泽东把《关于调查工作》这篇文稿改名为《反对本本主义》，公开发表于《毛泽东著作选读》甲种本。[④] 这足见毛泽东对遗失的《反对本本主义》原稿的珍爱程度，也可以从侧面看到毛泽东对实事求是思想路线的科学境界。

（一）　实事求是精神的源脉

"实事求是"在中国有悠久的历史发展渊源，自从毛泽东赋予其

---

① 《十一届三中全会以来重要文献选读》上，人民出版社 1987 年版，第 332 页。

② 《毛泽东文集》第 8 卷，人民出版社 1999 年版，第 257 页。

③ 同上书，第 264 页。

④ 关于这两篇文稿的处理过程，见《毛泽东文集》第 8 卷，人民出版社 1999 年版，第 240 页②。

现时代的内容，就成为家喻户晓、妇孺皆知的科学态度和思想路线，成为中华民族最重要的民族精神。

　　"实事求是"源出班固所著《汉书·河间献王传》。其中记载，河间献王刘德，是汉景帝刘启的儿子，汉武帝刘彻之弟，喜好学问，收藏古籍，博览群书，出言有据。班固称赞刘德"修学好古，实事求是"。在此以后，"实事求是"作为一个成语流传下来。

　　"实事求是"的思想对毛泽东的影响，有一个具体的契机。这就是毛泽东曾经寄读的湖南长沙岳麓书院中那块"实事求是"的牌匾。对此，《毛泽东传（1893—1949）》有这样一段比较完整的记载："重视经世致用的湘学士风，表现在思想方法上就是实事求是。这个命题的本意是：做学问要注重事实根据，才能得出准确的结论。1916年，在岳麓书院办学的一位校长，把这四个字写成硕大的横匾挂在讲堂正门。经杨昌济介绍，毛泽东利用假期两次入岳麓书院寄读，这块'实事求是'的匾额自然给他留下了深刻的印象。二十多年后，毛泽东对'实事求是'做出新的解释，并把这四个字写下来嵌在延安中央党校的大门口。"① 这里说的那位书写"实事求是"匾额的校长就是宾步程（任期1914—1924年）。他当时是湖南公立工业高等专门学校的校长，一度迁入岳麓书院办学，题写"实事求是"作为该校的校训。"实事求是"的牌匾位于岳麓书院核心位置的大讲堂前面，讲堂是书院用于教学和举行重大活动的场所。匾额的书写者宾步程（1879—1943），曾经于1900年被湖南省当局选派赴德国柏林留学8年，学习机械工程，还曾赴欧美20多个国家考察、实习。一个理工科的留德人士如此推崇"实事求是"，足见"实事求是"在中国知识界影响之大。

　　近代以来，也有人用实事求是指称西方的科学精神、科学态度和科学方法，"实事求是，西洋之本也"②。章太炎也讲过："近代学术，渐趋实事求是之涂。"③ 据说，同样为留学生出身的北洋大学校长赵天

　　① 中共中央文献研究室编：《毛泽东传（1893—1949）》，中央文献出版社2003年版，第23页。

　　② 《郭嵩焘日记》三，湖南人民出版社1981年版，第731页。

　　③ 章太炎：《答铁铮》，《民报》1907年第14号。

麟（1886—1938）也曾总结办学经验，以"实事求是"四个字作为该校校训，承袭至今。

　　毛泽东在1961年1月的中央工作会议上发表讲话，大致显示了他心中"实事求是"的最初来源。他在《大兴调查研究之风》的讲话中说："今年搞一个实事求是年好不好？河北省有个河间县，汉朝封了一个王叫河间献王。班固在《汉书·河间献王刘德》中说他'实事求是'，这句话一直流传到现在。提出今年搞个实事求是年，当然不是讲我们过去根本一点也不实事求是。我们党是有实事求是传统的，就是把马列主义的普遍真理同中国的实际相结合。"①

　　"实事求是"真正作为一个家喻户晓的话语，最初就是经过毛泽东的创造性的解释和提倡。他在延安干部会上所作的报告《改造我们的学习》中详细解释了"实事求是"的含义，赋予了崭新的时代内容，并使得这一概念科学化了。他指出，对待马克思列宁主义理论的态度有相互对立的两种：主观主义的态度与马克思列宁主义的科学态度。他介绍马克思列宁主义的态度时说："这种态度，就是实事求是的态度。'实事'就是客观存在着的一切事物，'是'就是客观事物的内部联系，即规律性，'求'就是我们去研究。我们要从国内外、省内外、县内外、区内外的实际情况出发，从其中引出其固有的而不是臆造的规律性，即找出周围事变的内部联系，作为我们行动的向导。而要这样做，就须不凭主观想象，不凭一时的热情，不凭死的书本，而凭客观存在的事实，详细地占有材料，在马克思列宁主义一般原理的指导下，从这些材料中引出正确的结论。这种结论不是甲乙丙丁的现象罗列，也不是夸夸其谈的滥调文章，而是科学的结论。这种态度，有实事求是之意，无哗众取宠之心。这种态度，就是党性的表现，就是理论和实际统一的马克思列宁主义的作风。"②

　　他说："科学的态度是'实事求是'，'自以为是'和'好为人师'那样狂妄的态度是决不能解决问题的。我们民族的灾难深重极

---

① 《毛泽东文集》第8卷，人民出版社1999年版，第237页。

② 《毛泽东选集》第3卷，人民出版社1991年版，第801页。

了，惟有科学的态度和负责的精神，能够引导我们民族到解放之路。"①

　　毛泽东对实事求是做了马克思主义的解释，赋予了崭新的内涵。在延安根据地时期，他就为中共中央党校题写"实事求是"作为校训。经毛泽东的提倡和阐释，"实事求是"成为中国共产党人的座右铭，马克思主义思想路线的中国化表述。这种"实事求是"的态度转化为党的优良传统作风，又从作风转化成为我们党和国家的一种精神，这就是科学精神。这种"实事求是"的科学精神得到了不断传扬。

　　在新时期，党和国家更加强调实事求是的突出地位。中共中央通过的《关于建国以来党的若干历史问题的决议》指出："毛泽东思想的活的灵魂，是贯穿于上述各个组成部分的立场、观点和方法，它们有三个基本方面，即实事求是，群众路线，独立自主。""实事求是，就是从实际出发，理论联系实际，就是要把马克思列宁主义普遍真理同中国革命具体实践相结合。"② 在总结历史经验的基础上，邓小平也指出："实事求是，是无产阶级世界观的基础，是马克思主义的思想基础。过去我们搞革命取得的一切胜利，是靠实事求是；现在我们要实现四个现代化，同样要靠实事求是。"③ 邓小平还说："实事求是，是毛泽东思想的出发点、根本点。"④ 邓小平在《高举毛泽东思想旗帜，坚持实事求是的原则》中再次强调："毛泽东思想的基本点就是实事求是，就是把马列主义的普遍原理同中国革命的具体实践相结合。毛泽东同志在延安为中央党校题了'实事求是'四个大字，毛泽东思想的精髓就是这四个字。毛泽东同志所以伟大，能把中国革命引导到胜利，归根到底，就是靠这个。"⑤

　　① 《毛泽东选集》第2卷，人民出版社1991年版，第663页。

　　② 《十一届三中全会以来重要文献选读》上册，人民出版社1987年版，第338—339页。

　　③ 《邓小平文选》第2卷，人民出版社1994年版，第143页。

　　④ 同上书，第114页。

　　⑤ 同上书，第126页。

经过邓小平坚持倡导，新时期"实事求是"明确为党的思想路线。党的十二大修改通过的党章规定："党的思想路线是一切从实际出发，理论联系实际，实事求是，在实践中检验真理和发展真理。全党必须依据这条思想路线，科学地总结历史经验，调查研究现实情况，解决国内和国际事务中提出的新问题，反对一切'左'的和右的错误倾向。"① 一直到最近的党的十八大，仍然强调坚持实事求是的思想路线："坚持解放思想，实事求是，与时俱进，求真务实。党的思想路线是一切从实际出发，理论联系实际，实事求是，在实践中检验真理和发展真理。"②

实事求是，体现了科学的世界观和方法论，历经漫长的革命和建设的实践，已经融入中国人民的灵魂，成为执政党的思想路线和精神支柱，成为思考一切重大问题的基本逻辑。

（二）实事求是要求一切从实际出发

实事求是精神的一个基本内涵就是一切从实际出发。这是马克思主义科学世界观的一个基本要求。也是实事求是科学精神的逻辑起点。

一切决策和决定，必须从实际出发，必须从变化着的实际情况出发，才能做到实事求是，获得成功的效果。否则就容易理论脱离实际，犯主观主义和教条主义的错误。

什么是实际？"实际"就是我们面对的客观研究对象，"实际"就是我们面对的客观环境和条件，"实际"包括我们还不曾发现的事物内部的规律性。"什么是实际？个人的历史实际，机关工作的历史实际，各个同志所想的、做的都是实际。"③

---

① 《中国共产党章程汇编，从一大到十七大》，中共党史出版社 2007 年版，第 107 页。

② 《中国共产党第十八次全国代表大会文件汇编》，人民出版社 2012 年版，第 71 页。

③ 《毛泽东文集》第 2 卷，人民出版社 1993 年版，第 415 页。

　　首先要掌握客观实际最主要的情况。这些情况必须是真实的，越是真实的越有价值；这些情况必须是主要的东西而不是细微末节的东西，只有主要的东西才是事物的主要矛盾的反映，才能越有价值。这就是毛泽东对客观情况进行把握的原则之一。

　　同时，要掌握客观情况的发展和变化。客观实际的情况必须遵守，但是实际情况本身也不是固定的、僵化的，而是不断发展、变化着的。努力使自己的思想和决策符合变化着的实际，就要时时善于学习，不断跟上变化着的情况，这样才能真正做到实事求是，做到一切从实际出发。这也是毛泽东对客观情况的把握的原则之一。

　　只有掌握了对客观实际情况的两个原则，才是真正掌握了实际，才能具备一切从实际出发的前提条件。在这里，需要大处着眼，纠缠细节是没有什么意义的。

　　毛泽东对中国革命道路的探索就是贯彻一切从实际出发的原则的典范。

　　中国共产党领导的革命，作为世界无产阶级革命的一部分，应该遵照马克思列宁主义关于无产阶级革命和无产阶级专政的理论进行，这是没有疑问的。因为马克思列宁主义的真理也是从革命的实践中提炼出来，又得到了革命实践证明的理论。中国革命必须遵照这个理论的指导才能成功。但是这个理论运用到中国革命的问题上，其表现形态又与苏联等其他国家的社会主义革命不同。这就是由中国的具体的实际情况决定的，即中国的具体个性决定的。这正如毛泽东所说的："中国革命也需要作调查研究工作，首先就要了解中国是个什么东西（中国的过去、现在及将来）。"[1] "我们有些同志有一个毛病，就是一切以外国为中心，作留声机，机械地生吞活剥地把外国的东西搬到中国来，不研究中国的特点。不研究中国的特点，而去搬外国的东西，就不能解决中国的问题。"[2] 我们党最初有些人一心模仿苏俄革命的模式，集中力量攻打大城市，企图夺取中心大城市取得中国革命的成功；

　　　　——————————

　　① 《毛泽东文集》第 2 卷，人民出版社 1993 年版，第 378 页。

　　② 同上书，第 407 页。

还有的对形势的估计过于乐观，认为革命高潮立即到来，不愿意作艰苦持久的斗争。这些都与他们不了解中国革命的实际情况有关，结果都在无情的现实面前失败了。

只有毛泽东坚持一切从实际出发的原则，在革命的实践中，不断把握、认识和分析中国的实际情况，根据中国的实际情况运用马克思列宁主义的原理，才取得了对中国革命实际情况的深刻了解，坚持开辟农村革命根据地，农村包围城市最终夺取城市的道路，获得了革命的成功。中国革命的实际情况决定了武装夺取政权的道路只有按照农村包围城市的方式进行，不能照搬苏俄首先夺取大城市的道路。毛泽东是这样分析中国农村革命根据地存在的特殊理由的：第一，帝国主义和国内买办豪绅阶级支持着各派新旧军阀相互间进行着持续不断的战争，这种分裂战争造成了红色根据地存在的空间；第二，革命根据地所在地区都是经历了轰轰烈烈的群众革命，普遍组织了工会和农民协会，有过对地主豪绅阶级和资产阶级进行政治、经济斗争的历史；第三，全国革命形势不断向前发展，革命根据地不会陷于孤立；第四，具有相当力量的正式的红军的存在；第五，共产党组织及其执行的正确政策。① 这一切就是中国革命面对的政治实际。决定一切问题必须从这些实际情况出发。

对于中国革命战争所处的特点，毛泽东也作了独特的分析：第一，中国政治经济的不平衡；第二，敌人的强大；第三，红军的弱小；共产党的领导和土地革命。对于第一个特点，毛泽东又进一步做了深入的分析：微弱的资本主义经济与严重的半封建经济并存；几个帝国主义支配的半殖民地；中国幅员辽阔"东方不亮西方亮，黑了南方有北方"，有回旋的余地；中国第一次大革命为革命准备好了红军、共产党组织和经过革命洗礼的群众。②

对于这些实际情况的研究及其得出的科学结论，就形成了中国革命与其他一切革命的不同特点。这就是中国共产党领导的，人民大众

---

① 《毛泽东选集》第1卷，人民出版社1991年版，第49—50页。

② 同上书，第188—189页。

参加的武装斗争，通过建立农村革命根据地，建立相应的革命统一战线，经过长期的斗争，最后农村包围城市的道路。中国革命之所以沿着这条道路获得了成功，就是因为这条道路是严格地从中国革命的实际出发的。

1956 年 9 月 25 日，毛泽东在与参加中国共产党第八次全国代表大会的拉丁美洲国家党的代表谈话时，强调了一定要把马克思主义的真理与本国的实际情况相结合。他说："中国革命的经验，建立农村根据地，以农村包围城市，最后夺取城市的经验，对你们许多国家不一定都适用，但可供你们参考。我奉劝诸位，切记不要硬搬中国的经验。任何外国的经验，只能作参考，不能当教条。一定要把马克思列宁主义的普遍真理和本国的具体情况这两个方面结合起来。"① 这可以看作毛泽东对"一切从实际出发"的总结。

毛泽东根据实际情况的变化不断地调整革命的战略和策略。他在日本入侵中国以后努力促成抗日统一战线的努力就是一切从实际出发的原则的又一典范。

毛泽东一贯主张："当着革命的形势已经改变的时候，革命的策略，革命的领导方式，也必须跟着改变。"② 从实际出发同时就意味着一切从变化着的条件和情况出发。在大革命时期，主要的革命目标是北洋军阀，我们的政策就是广泛的统一战线；在内战时期，主要的目标就是反对国民党反动派，我们的政策就是狭小的统一战线；抗日战争时期，主要革命目标是日本侵略者和汉奸，我们的政策就是国共合作，团结一切爱国力量的广泛统一战线。凡是不能随着革命形势的转变而转变政策和策略的人，就会陷入错误和失败的泥潭。

在大革命时期，实现国共合作，打击北洋军阀，共产党与国民党的联合和合作是正确的。但是，"当国民党准备实行叛变革命，要把无产阶级和农民丢了，要把我们和革命群众丢了的时候，我们还和它

---

① 《毛泽东文集》第 7 卷，人民出版社 1999 年版，第 133 页。
② 《毛泽东选集》第 1 卷，人民出版社 1991 年版，第 152 页。

联合，这就是右的机会主义。情况变化了，我们的政策路线没有跟着变。右的倾向是一切联合反对斗争。陈独秀路线的根本特点，便是一切联合反对斗争，就是在大地主大资产阶级叛变了的时候，还要同它联合。"① 同样的道理，"'九一八'到遵义会议，当一个民族敌人打进来，民族资产阶级、上层小资产阶级已经变化了的时候，我们的政策没有跟着变，还是过去的一套，这就发生了'左'的东西。那时的领导路线是一切斗争否认联合。'九一八'以后情况变化了，上层小资产阶级和民族资产阶级公开倾向我们，如孙科、黄炎培等。但是我们说他们是改良主义，说他们是我们的主要打击对象。把这些人当作主要的打击对象，是不对的。还有当时提出消灭富农，也是过左的"②。在抗日战争的阶段，"既不是一切联合不要斗争，也不是一切斗争不要联合，而是联合与斗争的综合，联合是主，斗争是辅，要求统一下的独立性。统一就是联合，独立就是斗争。什么叫独立性呢？你站在这里，没有人叫你站开，这就不发生独立性的问题；在你站的位置上别人也想站，要赶你走，这就发生独立性的问题了"③。毛泽东从实际出发制定的我们党的这些战略策略原理，使得抗日战争不断取得新的进展，对统一战线内部的"消极抗日，积极反共"的行为，进行了有理、有利、有节的斗争，深得人心，得道多助，最终取得抗日战争和解放战争的胜利。

在红军克服了国民党政府围追堵截的"追剿"，胜利到达陕北时，党的任务就是立即落实"北上抗日"的具体举措，努力组成抗日统一战线。当时，由于与国民党反动派作了长期你死我活的斗争的许多人，对于与国民党结成统一战线，存在着许多思想障碍。为此，毛泽东在陕北瓦窑堡党的活动分子会议上，详细地论述了组成这一统一战线的道理："组织千千万万的民众，调动浩浩荡荡的革命军，是今天的革命向反革命进攻的需要。只有这样的力量，才能把日本帝国主义和汉

---

① 《毛泽东文集》第 2 卷，人民出版社 1993 年版，第 401 页。

② 同上。

③ 同上书，第 402 页。

奸卖国贼打垮，这是有目共见的真理。因此，只有统一战线的策略才是马克思列宁主义的策略。关门主义的策略则是孤家寡人的策略。关门主义'为渊驱鱼，为丛驱雀'，把'千千万万'和'浩浩荡荡'都赶到敌人那一边去，只博得敌人的喝采。"①

　　毛泽东在中国社会主义建设中，根据中国的实际情况，提出探索中国式的社会主义道路的理论，也是一切从实际出发的原则的典范。

　　中共中央《关于建国以来党的若干历史问题的决议》对毛泽东领导的富有中国特点的社会主义革命和建设作出了高度肯定的评价："在过渡时期中，我们党创造性地开辟了一条适合中国特点的社会主义改造的道路。""1956年4月，毛泽东同志发表《论十大关系》的讲话，初步总结了我国社会主义建设的经验，提出了探索适合我国国情的社会主义建设道路的任务。"② 从某种意义上说，中国特色社会主义道路的探索就是从这个时期开始起步的。在政治上，我国根据自己的实际情况，没有简单地建立无产阶级专政，而是建立包括民族资产阶级和小资产阶级在内的人民民主专政；不是否认和掩盖矛盾，而是承认社会主义阶段存在着各种矛盾，要运用不同的方法处理不同性质的矛盾，特别是人民内部矛盾；在经济上，不是简单地消灭资产阶级，而是对资本主义工商业采取委托加工、计划订货、统购包销、委托经销代销、公私合营、全行业公私合营的逐步改造，最终实现了对民族资产阶级的和平赎买；在农业方面，不是疾风暴雨式的集体农庄运动，而是对个体农业采取了从临时互助组、常年互助组、半社会主义性质的初级合作社、最终发展到高级农业生产合作社；在思想文化方面，不是采取简单的行政手段，而是提出了"百花齐放，百家争鸣"、"推陈出新"、"洋为中用"、"古为今用"等一系列重要方针政策，体现了鲜明的中国特点。

---

① 《毛泽东选集》第1卷，人民出版社1991年版，第155页。
② 《十一届三中全会以来重要文献选读》上册，人民出版社1987年版，第306—307页。

（三）没有调查研究就没有发言权

没有调查研究就没有发言权，这是实事求是的科学精神的起码的规则。要实事求是，要从客观存在的事实出发，首先就要把实际情况弄清楚。科学的调查研究就是获得真实的情况、把握事物的主要矛盾的必要手段。大力倡导实事求是精神必然要大力倡导调查研究之风。

由于中央革命博物馆和福建龙岩地委的帮助，毛泽东在 1961 年 1 月惊喜地找到了自己久违的、在 30 多年前写的著作《调查工作》。他不但立即将这篇书稿印发中央其他领导同志阅读，并且将书名改为《反对本本主义》，于 1964 年收入《毛泽东著作选读》甲种本正式出版。① 这本书稿确实是毛泽东十分珍视的两篇书稿之一。因为它是在毛泽东的著作中最早形成实事求是的思想意蕴的著作。其中就十分强调调查研究。在这本书稿中，他说："没有调查，没有发言权。""你对于某个问题没有调查，就停止你对于某个问题的发言权。……你对那个问题的现实情况和历史情况既然没有调查，不知底里，对于那个问题的发言权便一定是瞎说一顿。"② 他坚持认为："一切实际工作者必须向下作调查。对于只懂得理论不懂得实际情况的人，这种调查工作尤有必要，否则他们就不能将理论和实际相联系。'没有调查就没有发言权'，这句话，虽然曾经被人讥为'狭隘经验论'的，我却至今不悔；不但不悔，我仍然坚持没有调查是不可能有发言权的。"③ 经过毛泽东的倡导，大兴调查研究之风，成为我们党和群众的优良传统。

毛泽东还认为调查研究就是实际解决问题的过程。他认为："调查就像'十月怀胎'，解决问题就像'一朝分娩'。调查就是解决问题。"④ "你对于那个问题不能解决吗？那末，你就去调查那个问题的

---

① 《毛泽东著作选读》甲种本，人民出版社 1966 年版，第 20—28 页。

② 《毛泽东选集》第 1 卷，人民出版社 1991 年版，第 109 页。

③ 《毛泽东选集》第 3 卷，人民出版社 1991 年版，第 791 页。

④ 《毛泽东选集》第 1 卷，人民出版社 1991 年版，第 110—111 页。

现状和它的历史吧！你完完全全调查明白了，你对那个问题就有解决的办法了。一切结论产生于调查情况的末尾，而不是它的先头。"① 1961 年 3 月，毛泽东在广州中央工作会议上讲到了近期刚刚发现的自己早年的主要著作《反对本本主义》产生的经过情况，也讲到了发现这篇心爱的文稿的高兴心情。这次会上，他再次强调了调查就是解决问题的道理："我的经验历来如此，凡是忧愁没有办法的时候，就去调查研究，一经调查研究，办法就出来了，问题就解决了。打仗也是这样，凡是没有办法的时候，就去调查研究。"② 毛泽东在《矛盾论》中讲了《水浒传》上宋江三打祝家庄的故事，说明了关键在于调查情况："《水浒传》上宋江三打祝家庄，两次都因情况不明，方法不对，打了败仗。后来改变方法，从调查情形人手，于是熟悉了盘陀路，拆散了李家庄、扈家庄和祝家庄的联盟，并且布置了藏在敌人营盘里的伏兵，用了和外国故事中所说的木马计相像的方法，第三次就打了胜仗。"③

不了解情况，不调查研究，心中无底乱讲话，没有不被动的。在遵义会议上，一个叫凯丰的人，不知天高地厚地对毛泽东说："你那些东西，并不见得高明，无非是《三国演义》加《孙子兵法》。"毛泽东听了之后就反问他一句："你说《孙子兵法》一共有多少篇？第一篇的题目叫什么？请你讲讲。"凯丰张口结舌答不出来。毛泽东进一步问道："你也没有看过，你怎么晓得我就熟悉《孙子兵法》呢？"这使得信口开河的凯丰十分尴尬。④ 证明凯丰本人对于《孙子兵法》一无所知，同时也暴露出他对毛泽东的主观偏见和一无所知。凯丰的这种不调查、不研究、瞎说一气的作风，在持科学态度的毛泽东面前出了丑。

在现代中国，"没有调查研究就没有发言权"已经是妇孺皆知、家喻户晓、不可辩驳的真理，成为中国人民的常识。人民群众就是凭

① 《毛泽东选集》第 1 卷，人民出版社 1991 年版，第 110 页。
② 《毛泽东文集》第 8 卷，人民出版社 1993 年版，第 261 页。
③ 《毛泽东选集》第 1 卷，人民出版社 1991 年版，第 313 页。
④ 《毛泽东文集》第 8 册，人民出版社 1993 年版，第 263 页。

着这句话，要求和衡量干部，判断是非曲直的。

（四）讲真话，做老实人

毛泽东一贯主张，要讲真话，要创造条件让大家都讲真话。在讲真话的基础上才能真正做到实事求是。毛泽东认为："讲真话，每个普通的人都应该如此，每个共产党人更应该如此。"① 在 1959 年 4 月的《党内通信》中毛泽东说："老实人，敢讲真话的人，归根到底，于人民事业有利，于自己也不吃亏。爱讲假话的人，一害人民，二害自己，总是吃亏。应当说，有许多假话是上面压出来的。上面'一吹二压三许愿'，使下面很难办。"②

毛泽东把做老实人上升到科学的境界。1942 年 2 月，他在延安整风期间的报告《整顿党的作风》中就说过："我想，我们应该是老老实实地办事；在世界上要办成几件事，没有老实态度是根本不行的。什么人是老实人？马克思、恩格斯、列宁、斯大林是老实人，科学家是老实人。什么人是不老实的人？托洛茨基、布哈林、陈独秀、张国焘是大不老实的人，为个人利益为局部利益闹独立性的人也是不老实的人。一切狡猾的人，不照科学态度办事的人，自以为得计，自以为很聪明，其实都是愚蠢的，都是没有好结果的。"③

毛泽东的这一思想通过全国性学习毛泽东著作的群众活动，在广大群众中扎下了根。大庆石油工人创造的"三老四严"的精神就是学习和实践毛泽东提倡的"做老实人"的思想的体现。1962 年，在大庆石油会战中，大庆采油一厂中四队曾发生这样的故事：一名学徒工由于操作失误，挤扁了刮蜡片，隐瞒不报。这事让队长辛玉和知道了，就组织全队在这口井前召开事故分析现场会，进行深入的讨论，从而

---

① 《毛泽东文集》第 3 卷，人民出版社 1996 年版，第 349 页。
② 《毛泽东文集》第 8 卷，人民出版社 1993 年版，第 50 页。
③ 《毛泽东选集》第 3 卷，人民出版社 1991 年版，第 822 页。

找到了干好工作的根本，说出了许多深刻的话语。当时的话语经总结提炼，到1963年形成完整的表述。这就是后来形成的大庆的"三老四严"精神：对待革命事业，要当老实人，说老实话，办老实事；对待工作，要有严格的要求，严密的组织，严肃的态度，严明的纪律。1964年5月，石油部召开第一次思想政治工作会议，将采油一厂中四队的经验总结提炼为"三老四严"精神，并在全油田加以推广。

"三老四严"的精神，是大庆石油工人的创造，成为"大庆精神"和"铁人精神"的重要组成部分。这一作风是大庆石油工人高度的主人翁责任感和科学精神的具体体现，是大庆石油工人认真学习毛泽东著作，特别是学习毛泽东的著作《实践论》和《矛盾论》的结果。1977年7月，邓小平在党的十届三中全会上的讲话《完整地准确地理解毛泽东思想》中，还提到了大庆的"三老四严"的精神，并把它上升到实事求是的高度。他说："在延安中央党校，毛泽东同志亲笔题的四个大字，叫'实事求是'。我看大庆讲'三老'，做老实人，说老实话，干老实事，就是实事求是。"①

在中国现实生活中，有时候讲真话是需要足够的勇气的。毛泽东坚决地支持和鼓励讲真话的勇气。

在中国历史上，敢于讲真话的人，司马迁是个典型。司马迁作《史记》就是秉笔直书、贯彻"实录"的原则。他没有因为儒生诽谤秦始皇"暴虐"而否定秦始皇统一中国、威震四海的霸业；他并不因为陈涉起于陇亩，是平民百姓而贬低其揭竿起义、名列"世家"的地位功勋；他并不因为项羽战败身亡而降低其英勇善战、西楚霸王的地位；他也没有因为刘邦功成名就、开国之君而讳言其年轻时不事农商的闲散身份；他更没有因为吕后以女主临朝、改变汉室姓氏而抹杀其显赫的政绩。但是司马迁为自己的这种性格付出了沉重的代价。他被处以"宫刑"，造成了严重残疾，使得他痛不欲生。但他为了"稽其成败兴坏之纪"，"究天人之际，通古今之变，成一家之言"，因此能够做到"就极刑而无愠色"，坚持完成了历史上罕见的鸿篇巨制《史

① 《邓小平文选》第2卷，人民出版社1994年版，第45页。

记》。毛泽东非常钦佩司马迁这种忍辱负重、坚忍不拔的精神。他多次引用司马迁《报任安书》中"文王拘而演《周易》，仲尼厄而作《春秋》"这段名言，教育全党同志要辩证地对待被错误处置的情况，这些情况在正确路线统治下也在所难免，更不用说在错误路线下了，但是人们不能因为这些就不敢讲真话。即使处理错了也要看到这种错误的处理也可能引出其他方面的成功。有了这种不怕牺牲和辩证看待逆境的认识，就能够有勇气讲真话了。

为了鼓励人们讲真话，毛泽东从司马迁的经验中，进一步提炼出为讲真话而应该具有的"五不怕"的精神。1957 年，吴冷西从新华社调到《人民日报》工作时，毛泽东找他谈话说："你去人民日报工作，会遇到不少困难，要有充分的思想准备，要准备碰到最坏的情况，要有五不怕的精神准备。毛主席扳着指头说这五不怕是：一不怕撤职，二不怕开除党籍，三不怕老婆离婚，四不怕坐牢，五不怕杀头。"① 这个历史的案例是有很强的说服力的。后来他还多次宣讲了这种"五不怕"的精神。这种为了坚持真理、敢讲真话的无所畏惧的精神，应该成为一切为了建设社会主义人们的精神状态。1957 年 3 月，毛泽东《在中国共产党全国宣传工作会议上的讲话》中，号召："为了达到建设新中国的目的，对于什么困难我们共产党人也是无所畏惧的。但是仅仅依靠我们还不够。我们还需要一批党外的志士仁人，他们能够按照社会主义、共产主义的方向，同我们一起来为改革和建设我们的社会主义而无所畏惧地奋斗。……彻底的唯物主义者是无所畏惧的，我们希望一切同我们共同奋斗的人能够勇敢地负起责任，克服困难，不要怕挫折，不要怕有人议论讥笑，也不要怕向我们共产党人提批评建议。'舍得一身剐，敢把皇帝拉下马'，我们在为社会主义、共产主义而斗争的时候，必须有这种大无畏的精神。"② 这清楚地表明，毛泽东提倡党内党外，都要为社会主义事业而讲真话。为了社会主义事业坚持讲真话而牺牲个人一些利益，这也是一种革命精神。

---

① 吴冷西：《忆毛主席》，新华出版社 1995 年版，第 45 页。
② 《毛泽东文集》第 7 卷，人民出版社 1999 年版，第 275—276 页。

1962 年春节前后，中共中央在北京召开了有县级以上干部参加的扩大的中央工作会议，据统计与会者达 7118 人，因此号称"七千人大会"。毛泽东主持了这次大会并作了重要讲话。这次会议的目的是总结新中国成立以来十二年的工作经验，特别是总结 1958 年以来的工作经验。为此，会议的主调就是实事求是，发扬民主、动员大家充分讲话、讲老实话。为了带头讲真话，毛泽东首先对过去四年的工作承担了责任，做了自我批评。同时，毛泽东在讲话中号召："要使全党、全民团结起来，就必须发扬民主，让人讲话。在党内是这样，在党外也是这样。……一切党的领导人员都要发扬党内民主，让人讲话。"① 他还说："我们提倡不抓辫子、不戴帽子、不打棍子，目的就是要使人心里不怕，敢于讲意见。……总之，让人讲话，天不会塌下来，自己也不会垮台。不让人讲话呢？那就难免有一天要垮台。"② 这里所说的"三不"政策，日后成为全国人民共识的政策和脍炙人口的话语。毛泽东的讲话受到与会者热烈的欢迎，大家振奋了精神，形成了讲老实话、讲真话的氛围。周恩来、朱德、陈云、林彪、邓小平也分别在大、小会上讲了话。刘少奇受中央委托在大会上作报告。刘少奇在代表中央作的报告中说出了近几年出现问题的原因是"三分天灾七分人祸"，提出了错误与成绩的比例是"三个指头和七个指头的关系"，不是通常说的"一个指头与九个指头的问题"。吴冷西后来回忆说："少奇同志实事求是地指出这四年工作中的缺点和错误，也实事求是地进行批评和自我批评。"③ 43 年过后，刘少奇之子刘源所著《刘少奇与新中国》一书对此作了这样的评论：" '老实'这两个字在'七千人大会'上被反反复复地使用，每当它从说话人的口中跳出来，都是格外用了气力的。人们可能会想起来，毛泽东曾对高岗评论刘少奇，说：'少奇同志是个很老实的人。'这回，正是这个老实的人，要在一个老实会上，呼吁老实，为老实人打气壮胆，向不老实者愤怒声

① 《毛泽东文集》第 8 卷，人民出版社 1999 年版，第 307 页。

② 同上书，第 309—310 页。

③ 《刘少奇人生纪实》，凤凰出版社 2011 年版，第 1018 页。

讨，要播老实的种子，要让'老实'二字，在 7118 颗共产党人的脑袋里扎根。"① 这足以看出毛泽东创造的讲真话的氛围和保护讲真话的政策具有极大的魅力。

毛泽东强调讲老实话，始终不渝；对于不讲老实话的行为，深恶痛绝。在 1970 年 12 月 18 日，毛泽东与美国友人斯诺进行了五个小时的谈话。在谈到中国的"文化大革命"时，毛泽东特别表达了对不讲真话而讲假话的不满意。斯诺这样记载了这段谈话："他回答说，'文化大革命'中有两件事他很不赞成。一个讲假话。有人一面说要文斗，不要武斗，而实际上却在桌子下面踢人家一脚，然后把脚收回来。当被踢的那个人问他：'你怎么踢我啊？'他又说：'我没有踢你啊，你看，我的脚不是还在这里吗？'毛说，这是讲假话。""毛泽东最后说，如果一个人不讲真话，他怎么能得到别人的信任呢？谁信任你啊？朋友之间也是这样。"② 看来，毛泽东对于不讲真话的做法和风气，十分不满。不讲真话，这完全背离了中国共产党的优良传统和作风，而且也背离了中国人民能够接受的、最起码的实事求是的传统。

（五）把马克思列宁主义普遍真理同中国革命具体实践相结合

在实事求是的思想路线指导下，毛泽东破解了在中国现代化进程中长期困扰人们的"体用之争"，倡导把马克思列宁主义与中国实践相结合，实现马克思列宁主义中国化。这是马克思列宁主义在中国发展的飞跃。坚持把马克思列宁主义与本国实际情况相结合，不但成为中国人民在革命和建设中屡试不爽的真理，而且也为世界进步人民所认同，成为人们的共识。

---

① 刘源：《刘少奇与新中国》，大风出版社（香港）2005 年版，第 158 页。
② 《美国友好人士斯诺访华文章》，生活·读书·新知三联书店 1971 年版，第 18—19 页。

按照马克思主义哲学共性与个性的关系，毛泽东把科学原理视为"共性"的东西，把表现形式视为"个性"的东西，在最高的认识层面上解决了马克思列宁主义与中国实际情况相结合的思想路线问题。1956 年 8 月他在与音乐工作者的谈话中，由特殊到一般，由艺术到政治，引导出哲学层面的共性与个性的辩证关系。他指出："艺术的基本原理有其共同性，但表现形式要多样化，要有民族形式和民族风格。一棵树的叶子，看上去是大体相同的，但仔细一看，每片叶子都有不同。有共性，也有个性，有相同的方面，也有相异的方面。这是自然法则，也是马克思主义的法则。""实现社会主义革命的基本原则，各个国家都是相同的。但是在小的原则和基本原则的表现形式方面是有不同的。……十月革命和中国革命，就有许多不同。苏联是由城市到乡村，我们是从乡村到城市。"① 毛泽东还强调说："这不是什么'中学为体，西学为用'。'学'是指基本理论，这是中外一致的，不应该分中西。"② 这就破解了自张之洞提出"体、用之辩"以来，中国知识分子历来争辩的难题，科学地指明了基本理论的"共性"的指导功能，与实际情况的"个性"特殊要求之间的辩证关系。这就为马克思列宁主义普遍真理与中国实际情况相结合的原则提供了彻底的思想路线解析。

马克思列宁主义普遍真理同中国革命具体实践相结合，中国革命和建设才能获得成功。这是中国革命实践的历史的结论，也是毛泽东一贯坚持的原则。早在 1938 年 10 月毛泽东在《中国共产党在民族战争中的地位》一文中就总结了中国革命的经验，指出必须把马克思列宁主义的真理与我国的实际情况相结合，通过一定的民族形式实现马克思主义。他说："共产党员是国际主义的马克思主义者，但是马克思主义必须和我国的具体特点相结合并通过一定的民族形式才能实现。马克思列宁主义的伟大力量，就在于它是和各个国家具体的革命实践相联系的。对于中国共产党说来，就是要学会把马克思列宁主义的理

---

① 《毛泽东文集》第 7 卷，人民出版社 1999 年版，第 76 页。

② 同上书，第 82 页。

论应用于中国的具体的环境。成为伟大中华民族的一部分而和这个民族血肉相联的共产党员，离开中国特点来谈马克思主义，只是抽象的空洞的马克思主义。因此，使马克思主义在中国具体化，使之在其每一表现中带着必须有的中国的特性，即是说，按照中国的特点去应用它，成为全党亟待了解并亟须解决的问题。洋八股必须废止，空洞抽象的调头必须少唱，教条主义必须休息，而代之以新鲜活泼的、为中国老百姓所喜闻乐见的中国作风和中国气派。"① 1941 年 5 月，毛泽东在《改造我们的学习》一文中指出："马克思列宁主义的普遍真理一经和中国革命的具体实践相结合，就使中国革命的面目为之一新。"② 1956 年 8 月，毛泽东在《增强党的团结，继承党的传统》中再次强调："马克思主义的普遍真理一定要同中国革命的具体实践相结合，如果不结合，那就不行。"③ 1958 年毛泽东在《要学习世界各国的先进经验》一文中指出："列宁告诉人们不要硬搬马克思主义书本上的话，就是它的基本原理，也要当作行动的指南，而不是当作教条。各国党应该根据马克思主义原则去创造性的运用，结合各国情况去实行。"④ 毛泽东在 1961 年 1 月的《大兴调查研究之风》中指出："我们党是有实事求是传统的，就是把马列主义的普遍真理同中国的实际相结合。……现在我们看出了一个方向，就是同志们要把实事求是的精神恢复起来了。"⑤ 在 1962 年 1 月的七千人大会的讲话中，毛泽东重申了中国共产党的这个原则："为了这个事业，我们必须把马克思列宁主义的普遍真理同中国社会主义建设的具体实际，并且同今后世界革命的具体实际，尽可能好一些地结合起来，从实践中一步一步地认识斗争的客观规律。"⑥

---

① 《毛泽东选集》第 2 卷，人民出版社 1991 年版，第 534 页。

② 《毛泽东选集》第 3 卷，人民出版社 1991 年版，第 796 页。

③ 《毛泽东文集》第 7 卷，人民出版社 1999 年版，第 90 页。

④ 《毛泽东外交文选》，中央文献出版社、世界知识出版社 1994 年版，第 314 页。

⑤ 《毛泽东文集》第 8 卷，人民出版社 1999 年版，第 237 页。

⑥ 同上书，第 302 页。

以毛泽东为代表的中国共产党人，在长期的革命和建设的实践中，开创并始终坚持把马克思列宁主义的理论与中国的实际情况相结合的传统，创立了独立自主的新中国的历史，确立了崭新的社会主义基本制度，探索了具有中国特点的社会主义道路，并为新时期开创中国特色社会主义提供了丰富的经验、理论准备和物质基础。从某种意义上说，中国特色社会主义就是马克思列宁主义与中国实际情况相结合的事业的进一步发展。这正如党的十八大通过修改的党章所表述的："以毛泽东为主要代表的中国共产党人，把马克思列宁主义的基本原理同中国革命具体实践结合起来，创立了毛泽东思想。毛泽东思想是马克思列宁主义在中国的运用和发展，是被实践证明了的关于中国革命和建设的正确的理论原则和经验总结，是中国共产党集体智慧的结晶。在毛泽东思想的指引下，中国共产党领导全国各族人民，经过长期的反对帝国主义、封建主义、官僚资本主义的革命斗争，取得了新民主主义革命的胜利，建立了人民民主专政的中华人民共和国；建国以后，顺利地进行了社会主义改造，完成了从新民主主义到社会主义的过渡，确立了社会主义基本制度，发展了社会主义的经济、政治和文化。"[①]

　　毛泽东后的历代继承人也是沿着这条马克思列宁主义与中国实际情况相结合的道路继续取得了社会主义事业的胜利。邓小平在新时期第一次提出建设有中国特色的社会主义，就是从毛泽东的这一原则出发的："我们的现代化建设，必须从中国的实际出发。无论是革命还是建设，都要注意学习和借鉴外国经验。但是，照抄照搬别国经验、别国模式，从来不能得到成功。这方面我们有过不少教训。把马克思主义的普遍真理同我国的具体实际结合起来，走自己的路，建设有中国特色的社会主义，这就是我们总结长期历史经验得出的基本结论。"[②] 邓小平还在更大的视野中总结了毛泽东思想的这一特点。他在

①　《中国共产党第十八次全国代表大会文件汇编》，人民出版社 2012 年版，第63 页。

②　《邓小平文选》第 3 卷，人民出版社 1993 年版，第 2—3 页。

会见匈牙利社会主义工人党总书记卡达尔时说:"毛泽东同志确实把马克思主义的普遍原理同中国的实际结合得非常好,创造性地提出了农村包围城市的战略,走十月革命的道路,但采取与十月革命不同的方式。由于充分尊重中国的实际,一切从实际出发,我们取得了新民主主义革命的胜利,并顺利地进入了社会主义的历史阶段。""关键是,第一,我们都坚持社会主义道路,坚持马克思主义;第二,我们都根据自己的特点,自己国家的情况,走自己的路。我们既不能照搬西方资本主义国家的做法,也不能照搬其他社会主义国家的做法,更不能丢掉我们制度的优越性。"[①] 中国共产党长期一贯地坚持了马列主义与中国实际情况相结合的基本原则。"'三个代表'重要思想是对马克思列宁主义、毛泽东思想、邓小平理论的继承和发展,反映了当代世界和中国的发展变化对党和国家工作的新要求,是加强和改进党的建设、推进我国社会主义自我完善和发展的强大理论武器,是中国共产党集体智慧的结晶,是党必须长期坚持的指导思想。"[②] "科学发展观,是同马克思列宁主义、毛泽东思想、邓小平理论、'三个代表'重要思想既一脉相承又与时俱进的科学理论,是马克思主义中国化最新成果,是中国共产党集体智慧的结晶,是发展中国特色社会主义必须坚持和贯彻的指导思想。"[③]

把马克思列宁主义与本国的具体实际相结合才能取得无产阶级和人民的解放,这已经是全世界认同的一个真理。这也是全世界帝国主义和一切反动统治者最怕的一条。1962年9月18日,毛泽东在会见日本工人学习积极分子代表团的朋友时,应日本朋友之命题写了:"只要认真做到马克思列宁主义的普遍真理与日本革命的具体实践相结合,日本革命的胜利就是毫无疑义的。"[④] 这可以引申为马列主义与中国实际相结合的传统的进一步抽象和概括。1963年9月,毛泽东在与印度

---

①　《邓小平文选》第3卷,人民出版社1993年版,第254、256页。

②　《中国共产党第十八次全国代表大会文件汇编》,人民出版社2012年版,第64页。

③　同上。

④　《建国以来毛泽东文稿》第10册,人民出版社1996年版,第190页。

<<<

尼西亚共产党主席艾地的谈话中，总结了中国共产党在革命和建设中由苏联"把着手教"，遭到很大损失的教训。在正反两个方面的经验基础上，毛泽东说："我们已经找到一条道路。"① 这就是："马列主义普遍真理与中国具体实践相结合，这个口号就是在延安整风时提出的。这个口号写进了一九五七年莫斯科宣言，那里面说马列主义普遍真理要与各国的具体实践相结合。"② 可见，马列主义与本国的具体实际相结合，这不单是中国革命和建设的基本成功经验，也是国际共产主义运动的基本经验，也是一个基本原则。1970 年 12 月，在对外联络部接待外国共产党代表团请示的批语中，毛泽东指出："对于一切外国人，不要求他们承认中国人的思想，只要求他们承认马列主义的普遍真理与该国的具体实践相结合。这是一个基本原则。我已说了多遍了。"③ 我国在对外交往中，坚持互相尊重，平等交往，起源就在于我们党坚持马列主义普遍真理与本国实际相结合的原则。

①　《毛泽东文集》第 8 卷，人民出版社 1999 年版，第 338 页。

②　同上书，第 339 页。

③　同上书，第 433 页。

信任群众、依靠群众的
为人民服务的精神

为人民服务，这是经过毛泽东的提出和倡导，传遍全球的中国共产党的格言。

为人民服务传播的范围和思想影响的深度，远远超过了孙中山题写的"天下为公"的古训。为人民服务，如今成为中国共产党人的宗旨，成为社会主义中国价值观的核心内容，成为衡量和区分一切是非的标准。其实，党的群众路线，其灵魂就是为人民服务；信任群众、依靠群众的根据也是为人民服务。为人民服务，实际上超过了一切故作高深的说教，驱散了一切西方的抽象概念，成为中国人民永久坚持的为人准则，成为神州大地最响亮的口号和最神圣的信条，如今也成为十三亿炎黄子孙的精神支柱。

（一）为人民服务是共产党人的宗旨

作为无产阶级政党的共产党，自从它一诞生就以崭新的面貌影响着世界和人类的命运。共产党人开展了与以往任何运动都不同的政治运动。这正如马克思恩格斯在 1848 年 2 月发表的《共产党宣言》中所指出："过去的一切运动都是少数人的，或者为少数人谋利益的运动。无产阶级的运动是绝大多数人的，为绝大多数人谋利益的独立的运动。"① 为绝大多数人谋利益，为绝大多数人提供好处，为绝大多数人的根本利益而谋划，这就必然反映出"为人民服务"的精神。

最早提出"为人民服务"的是毛泽东。1944 年 9 月 8 日，毛泽东在张思德同志的追悼会上发表《为人民服务》的短文，把为人民服务的思想传遍了全国，传向了全世界。世界上很多人就是从"为人民服务"的口号开始了解中国共产党和新中国的社会风气的。毛泽东在这篇短文中说："我们的共产党和共产党领导的八路军、新四军，是革命的队伍。我们这个队伍是完全为着解放人民的，是彻底地为人民的利益而工作的。""因为我们是为人民服务的，所以，我们如果有缺点，就不怕别人批评指出。不管是什么人，谁向我们指出都行。只要你说的对，我们就改正。你说的办法对人民有好处，我们就照你的办。""只要我们为人民的利益坚持好的，为人民的利益改正错的，我们这个队伍就一定会兴旺起来。"② 毛泽东在《一九四五年的任务》一文中指出："我们一切工作干部，不论职位高低，都是人民的勤务员，我们所做的一切，都是为人民服务，我们有些什么不好的东西舍不得丢掉呢？"③ 在 1945 年召开的党的第七次全国代表大会的报告《论联合政府》中，毛泽东强调："全心全意地为人民服务，一刻也不脱离群众；一切从人民的利益出发，而不是从个人或小集团的利益出发；向人民负责和向党的领导机关负责的一致性；这些就是我们的出发点。"④ 毛泽东提出并论证了为人民服务的内涵和地位，把它作为中国共产党人的宗旨。

自从党的七大修改通过的党章开始，就把"为人民服务"作为对

---

① 《马克思恩格斯选集》第 1 卷，人民出版社 2012 年版，第 411 页。

② 《毛泽东选集》第 3 卷，人民出版社 1991 年版，第 1004—1005 页。

③ 《毛泽东文集》第 3 卷，人民出版社 1996 年版，第 243 页。

④ 《毛泽东选集》第 3 卷，人民出版社 1991 年版，第 1094—1095 页。

全党和党员的政治要求，规定为党的宗旨和传统。七大的党章在总纲部分规定："中国共产党人必须具有全心全意为中国人民服务的精神，必须与工人群众、农民群众及其他革命人民建立广泛的联系。并经常注意巩固与扩大这种联系。每一个党员都必须理解党的利益与人民利益的一致性，对党负责与对人民负责的一致性。每一个党员都必须用心倾听人民群众的呼声和了解他们的迫切需要，并帮助他们组织起来，为实现他们的需要而斗争。每一个党员都必须决心向人民群众学习，同时以革命精神不疲倦地去教育人民群众，启发与提高人民群众的觉悟。中国共产党必须经常警戒自己脱离人民群众的危险性，必须经常注意防止和清洗自己内部的尾巴主义、命令主义、关门主义、官僚主义与军阀主义等脱离群众的错误倾向。"① 在党章的第一章党员的义务条文中的第三条就规定："为人民群众服务，巩固党与人民群众的联系，了解并及时反映人民群众的需要，向人民群众解释党的政策。"②可见，早在延安革命根据地时期，为人民服务的精神，就成为全党身体力行的宗旨，成为具有号召性的政治信仰。

经过长期的革命和建设的实践检验，为人民服务，是社会主义社会一切工作的本质，是体现共产党人和一切进步的人们工作的崇高境界，也是社会主义新的人际关系的准确表述。

新中国成立后，"为人民服务"几个大字，作为常例出现在中南海中央人民政府大门的影壁墙上，也出现在各级党政部门的院落和办公室的屋檐下的牌匾上。

毛泽东号召全国学习雷锋好榜样，他的崇高境界和思想本质就是为人民服务。他在日记里写道："人的生命是有限的，可是，为人民服务是无限的，我要把有限的生命，投入到无限的为人民服务之中去……"③ 在毛泽东时代，被称作县委书记好榜样的焦裕禄同志，为了改变兰考县的面貌，深入灾区、深入群众，与干部群众一起肩背粮，

---

① 《中国共产党章程汇编》，中共党史出版社 2007 年版，第 46 页。

② 同上书，第 47 页。

③ 《雷锋全集》，华文出版社 2003 年版，第 53 页。

手拿伞，跋涉5000里搞调查研究。身为县委书记，焦裕禄不忘公仆本色，在群众中工作、劳动，为群众排忧解难，把人们的利益看得高于一切。① 焦裕禄的葬礼，几十万当地群众自发送葬，体现了人民群众对一个真正为人民服务的干部的高度尊敬。几十年来，中国人民群众和党的干部始终把雷锋、焦裕禄作为学习的楷模，体现了对为人民服务精神的高度认同。

毛泽东倡导的为人民服务的精神，成为执政的中国共产党和全中国人民为人处事、进行一切工作的灵魂。在毛泽东逝世之后，新的历史时期，为人民服务的精神进一步得到发扬光大。

在1986年9月28日党的十二届六中全会通过的《中共中央关于社会主义精神文明建设指导方针的决议》，就继续强调了为人民服务。《决议》提出："……党和国家机关的干部，要公正廉洁，忠诚积极，全心全意为人民服务……在我们社会里，人人都是服务对象，人人又都为他人服务。"② 这个决议在提到干部的作风问题时，再一次强调："党员干部是全心全意为人民服务，还是当官做老爷"，成为党风建设中一个特别重大的问题。③

在1994年9月28日党的十四届四中全会通过的《中共中央关于加强党的建设几个重大问题的决定》中，也多次强调为人民服务的宗旨。《决定》提出：在当前新的形势下，党的建设的一个重点目标就是把党建设成"全心全意为人民服务"的政党，对干部的素质要求也有一条是"全心全意为人民服务"。④ 在要求党员学习解决的三个问题中，强调了"全心全意为人民服务"："坚持全心全意为人民服务的宗旨，密切联系群众，廉洁奉公，遵纪守法，自觉抵制拜金主义、个人

---

① 《中华人民共和国历史长编》卷二，广西人民出版社1994年版，第181—182页。

② 《中共中央关于社会主义精神文明建设指导方针的决议》，人民出版社1986年版，第12—13页。

③ 同上书，第22页。

④ 《中共中央关于加强党的建设几个重大问题的决定》，人民出版社1994年版，第6、22页。

主义和腐朽生活方式的侵袭。"①

在 1996 年 10 月 10 日党的十四届六中全会通过的《中共中央关于加强社会主义精神文明建设若干重要问题的决议》，规定了："社会主义道德建设要以为人民服务为核心。"并进一步论述："为人民服务是社会主义道德的集中体现。"② 同时强调，党的领导干部必须坚持"全心全意为人民服务"③。

在 2008 年 12 月中共中央宣传部印发的《社会主义核心价值体系学习读本》中，多次强调为人民服务的精神。其中提到社会主义荣辱观时，强调了"以服务人民为荣、以背离人民为耻"。④ 其中对党员干部的要求有："要增强全心全意为人民服务的宗旨意识，树立正确的权力观、地位观、利益观，坚持党和人民的利益高于一切，吃苦在前，享受在后，克己奉公，无私奉献。"⑤ 并且重复强调了 1996 年党的《决议》中"为人民服务是社会主义道德的核心"的相关内容。

为人民服务作为党的宗旨和社会主义人生价值观的核心内容，不断得到继承和发扬。对外开放和社会主义市场经济的不断发展，使得人们越来越悟出了为人民服务的价值分量。

特别是习近平担任了党的总书记之后，"为人民服务"以更高的频率出现于新闻媒体和领导同志的讲话里。2012 年 11 月 15 日，习近平在党的十八届一中全会上的讲话中就指出："我们要牢记全心全意为人民服务的根本宗旨，认真组织开展以为民务实清廉为主要内容的党的群众路线教育实践活动，始终保持同人民群众的血肉联系……"⑥ 同一天，在中共中央政治局常委与中外记者见面会上，习近平又强调：

---

① 《中共中央关于加强党的建设几个重大问题的决定》，人民出版社 1994 年版，第 20 页。

② 《中共中央关于加强社会主义精神文明建设若干重要问题的决议》，人民出版社 1996 年版，第 13 页。

③ 同上书，第 25 页。

④ 《社会主义核心价值体系学习读本》，学习出版社 2009 年版，第 49 页。

⑤ 同上书，第 65 页。

⑥ 《论群众路线——重要论述摘编》，中央文献出版社 2013 年版，第 118 页。

"我们的党是全心全意为人民服务的政党。……每个人的工作时间是有限的，但为人民服务是无限的。"① 习近平在河北省阜平县考察扶贫开发工作时，更是高屋建瓴地强调为人民服务："我们讲宗旨，讲了很多话，但说到底还是为人民服务这句话。我们党就是为人民服务的。"② 在 2013 年 1 月 5 日，习近平在新进中央委员会的委员和候补委员的讲话中提出："今天，衡量一名共产党员、一名领导干部是否具有共产主义远大理想，是有客观标准的，那就要看他能否坚持全心全意为人民服务的宗旨……"③ 习近平在第十八届中央纪律检查委员会第二次全体会议上，再次强调为人民服务："任何人行使权力都必须为人民服务、对人民负责并自觉接受人民监督。"④ 可见，习近平已经把为人民服务的思想融入自己的灵魂之中。习近平把沉积在广大群众心中的为人民服务的精神，重新激活，使之越来越显明地升华为中华民族的精神主调。

（二）群众是真正的英雄

为人民服务的精神不仅体现在社会各项工作和事业的目的上，而且也体现在工作过程中的群众路线和方法上。这一群众路线和方法的核心内容就是：信任群众、依靠群众，充分调动群众的积极性，吸引最广大的群众参与社会主义革命和建设事业，包括参与社会主义国家管理事务。

毛泽东在 1941 年 3 月为《农村调查》写的序言中，教育干部加强调查研究工作，要尊重群众、虚心学习，要眼睛向下、渴望求知，要放下架子、甘当学生。他指出："群众是真正的英雄，而我们自己则

① 《人民日报》2012 年 11 月 16 日。
② 《论群众路线——重要论述摘编》，中央文献出版社 2013 年版，第 128—129 页。
③ 同上书，第 129 页。
④ 同上书，第 135 页。

往往是幼稚可笑的，不了解这一点，就不能得到起码的知识。"① 在农业合作化的高潮中，毛泽东坚持相信广大群众有一种走社会主义道路的积极性，同时也坚信我们党有能力领导好农业的社会主义改造。他说出了脍炙人口的名言："我们应当相信群众，我们应当相信党，这是两条根本的原理。如果怀疑这两条原理，那就什么事情也做不成了。"②

这一群众路线和方法在革命战争年代体现为人民战争。

在第一次国内革命战争年代，共产党人就是靠着教育启发人民大众特别是广大农民起来革命，发动广泛的农民运动，打土豪分田地，使得井冈山的星星之火，逐渐形成了燎原大势。在抗日战争中，共产党人同样是靠着动员全国人民团结抗战，抗击着占总数六分之五的日寇，挽救了民族危亡，挽回了国民党正面战场的被动局面，扩大着敌后根据地。在解放战争中，共产党人更是靠着动员全中国人民，动员广大人民群众参战、支前，扫荡了国民党的八百万军队，解放了全中国。人民战争具有巨大的威力。共产党人领导的战争是人民战争，只有动员人民才能进行战争，只有依靠人民才能进行战争。在《论持久战》一书中，毛泽东认为："战争的伟力之最深厚的根源，存在于民众之中。"③ "动员了全国的老百姓，就造成了陷敌于灭顶之灾的汪洋大海，造成了弥补武器等等缺陷的补救条件，造成了克服一切战争困难的前提。"④ "我们需要一个正确的政策。这个政策的基本点，就是放手发动群众，壮大人民的力量，在我们党领导之下，打败侵略者，建设新中国。"⑤ 在党的七大政治报告《论联合政府》中，毛泽东正式地对"人民战争"这个概念进行了论述。他提出："这就是真正的人民战争。只有这种人民战争，才能战胜民族敌人。国民党之所以失败，

---

① 《毛泽东选集》第 3 卷，人民出版社 1991 年版，第 790 页。
② 《毛泽东文集》第 6 卷，人民出版社 1999 年版，第 423 页。
③ 《毛泽东选集》第 2 卷，人民出版社 1991 年版，第 511 页。
④ 同上书，第 480 页。
⑤ 《毛泽东选集》第 3 卷，人民出版社 1991 年版，第 1027 页。

就是因为它拼命地反对人民战争。"① 在历史上，蒋介石、国民党军官和与中国人民志愿军交手的美国军事专家都专门研究和琢磨过毛泽东的人民战争思想，甚至想利用毛泽东的人民战争思想为自己服务，但是最终都事与愿违。人民战争思想只能为人民所用，一切中外反动派都无法利用。针对这一有趣的现象，毛泽东曾经做过阐释："我根据中国的经验写的书，只能适用于人民的战争，不适于反人民的战争。蒋介石也研究我们的材料，我们的许多材料在战争中被蒋介石得到，但是无法挽救其失败。法国人也没有因为看我的书而挽救其失败。"②这说明了人民战争的思想具有鲜明的阶级性和指向性。因为，只有无产阶级政党能够做到信任群众、依靠群众，充分调动群众的积极性，因而能够做到人民战争；一切反人民的人和逆历史潮流而动的人，不得人心，无法做到这一点。

人民战争的思想是马克思列宁主义的创造，也是中国共产党人的创造，也是毛泽东的创造。它已经深入人心，闪耀史册，影响世界。1984 年 8 月 1 日，杨尚昆在《建设一支有中国特色的现代化军队》一文中总结了人民战争思想的现代意义。他说："人民战争思想是毛泽东军事思想的主要组成部分。人民战争是我们的长处，也是我们的特点。我国的社会主义制度和积极防御的战略方针，决定了我们未来进行的是反侵略的自卫战争。我们要仍然依靠人民战争，坚持发挥人的主观能动性，以劣势装备战胜优势装备的敌人。……我们不能因为我军的现代化程度提高了，就抛弃人民战争的思想，完全照搬别人的军事理论，也不能因为还要打人民战争，就原封不动地照搬过去的一套战略战术。"③ 可见，人民战争的思想会随着时代的发展而与时俱进。

这一群众路线和方法在社会主义建设时期体现为实行人民民主，动员群众起来监督政府，走出政权兴衰的周期律，防止人民政权出现人亡政息的结局。

---

① 《毛泽东选集》第 3 卷，人民出版社 1991 年版，第 1041 页。
② 《毛泽东文集》第 8 卷，人民出版社 1999 年版，第 397—398 页。
③ 《十二大以来重要文献选编》中册，第 524—525 页。

社会主义国家权力是人民给的。国家的性质是人民当家做主。发展社会主义民主，尊重群众的首创精神，人民参与国家管理。这都是社会主义国家制度的题中应有之义。早在延安时代，毛泽东回答前去考察的黄炎培先生关于如何才能跳出政权兴衰的周期律的问题时，就明确地指出："我们已经找到新路，我们能跳出这周期律。这条新路，就是民主。只有让人民来监督政府，政府才不敢松懈。只有人人起来负责，才不会人亡政息。"黄炎培同意毛泽东的主张，认为："用民主来打破这周期律，怕是有效的。"① 在党中央从西柏坡移驻北京的前夕，毛泽东兴奋地对周恩来说："今天是进京'赶考'嘛。进京'赶考'去，精神不好怎么行呀？"周恩来说："我们应当都能考试及格，不要退回来。"毛泽东说："退回去就失败了。我们决不当李自成，我们都希望考个好成绩。"② 中国共产党的领袖，抱着进京赶考的态度进京，说明了对人民群众的高度尊重，对人民民主的高度敬重。进京赶考，考官就是人民群众，这就是共产党人对人民群众的高度尊重。

人民群众参与政府的管理才能体现监督政府的民主权利。毛泽东在 1959 年 12 月至 1960 年 2 月之间，在读苏联《政治经济学教科书》的谈话中，突出论证了必须把吸引和落实人民群众参与管理政府的事务作为社会主义民主的主要内容。针对那些忽视人民大众参与管理政府事务的权利的观念和习俗，毛泽东认为，我们不能把人民的权利问题理解为国家只有一部分人管理，人民在这些人的管理下享受劳动、教育、社会保险等权利。毛泽东特别强调指出了苏联《政治经济学教科书》不能正确地对待人民群众管理国家事务的权利的问题："这里讲到苏联劳动者享受的各种权利时，没有讲劳动者管理国家、管理军队、管理各种企业、管理文化教育的权利。实际上，这是社会主义制度下劳动者最大的权利，最根本的权利。没有这种权利，劳动者的工作权、休息权、受教育权等等权利，就没有保证。"③ 李慎明研究员在

---

① 中共中央文献研究室编：《毛泽东传（1893—1949）》，中央文献出版社 2004 年版，第 745—746 页。

② 同上书，第 954 页。

③ 《毛泽东文集》第 8 卷，人民出版社 1999 年版，第 129 页。

分析毛泽东关于保持党和政权永不变质的思想时说得好，无产阶级和社会主义民主的本质，是绝大多数人起来自己为自己负责，从而实现自己为自己当家做主；而资产阶级和资本主义民主的本质则是绝大多数人通过选举把权力让渡给极少数"精英"，让他们为绝大多数人负责和当家做主。前者的本质是人民当家做主，后者的本质是资本当家做主。民主的名字相同，但其实质的不同却泾渭分明。

　　人民群众真实地、全面地享用自己的民主权利，这是毛泽东在政治上终生努力的目标。1965 年 5 月，毛泽东重上井冈山，向当年井冈山根据地时期的老人问到井冈山的好制度、好作风是什么时，大家说是艰苦奋斗，支部建在连上。毛泽东笑着提醒大家说，井冈山的这一套好制度好作风，有三个要点：艰苦奋斗，支部建在连上，被大家记住了，但是还有一个士兵委员会被忽视了。毛泽东在谈话中指出："随着我们掌握政权，现在全国各行各业都建有党的组织，成为领导机构。党的力量加强了。但自觉接受群众监督，实行政治民主，保证我们党不脱离群众，比井冈山时士兵委员会就要差多了。……井冈山时期士兵委员会是有很大作用的。"① 据井冈山时期的老红军宋任穷、张令彬回忆，当时的士兵委员会有很大的裁定权。它经过民主选举产生，实行政治民主、经济民主、管理伙食。新型军队就是靠这些具体制度体现出来的。1928 年 3 月的一天，红军战士陈伯钧修理手枪时，因为手枪走火打死了队长吕赤。许多人要求枪毙陈伯钧。毛泽东当时说，不要吧，是走火打死的，已经死了一个，再枪毙一个，那不是少了两个吗？士兵委员会经过讨论，同意毛泽东的意见，决定不枪毙了，但要打 50 个手板。可见士兵委员会有生死予夺的大权。井冈山时期的老红军刘俊秀插话说：现在的工厂有工会，农村有农民协会，这不是和士兵委员会差不多吗？毛泽东说："两者不一样，士兵委员会可以监督连长、营长、团长的，它有很大的权利。现在工厂的工会真的可以监督厂长、书记吗？谁又来监督我们的市委书记、省委书记？谁来

---

　　① 马社香：《前奏：毛泽东 1965 年重上井冈山》，当代中国出版社 2006 年版，第 174 页。

监督中央的领导，中央出修正主义怎么办？"① 可见毛泽东对待切实实现人民民主的执着与思考。毛泽东心中永远装着人民群众，群众路线在他身上体现得尤其典型。

这一群众路线和方法体现在认识论上就是从群众中来，到群众中去的工作方法。

从群众中来，到群众中去，集中起来，坚持下去，先做群众的学生，后做群众的先生。这是毛泽东对马克思列宁主义认识论的概括和发展。领导群众进行一切实际工作时，要取得正确的领导意见，必须坚持从群众中来，到群众中去，实行领导和群众相结合，一般号召和个别指导相结合。把群众的意见集中起来，化为系统的意见，又到群众中坚持下去，在群众的行动中考验这些意见是否正确。如此循环往复，使领导的认识更加正确、更生动、更丰富。这就是科学的认识论的思想路线。

认识是否正确，取决于在多大程度上来自群众的实践，也取决于进一步在群众的实践中检验的效果如何。毛泽东在《论联合政府》中指出了人民群众的实践这一关键环节。他说："二十四年的经验告诉我们，凡属正确的任务、政策和工作作风，都是和当时当地的群众要求相适合，都是联系群众的；凡属错误的任务、政策和工作作风，都是和当时当地的群众要求不相适合，都是脱离群众的。"② 经过群众实践的检验，就可以得出一次结论，加深一次对真理的认识过程。"要在人民群众那里学得知识，制定政策，然后再去教育人民群众。所以要当先生，就得先当学生，没有一个教师不是先当过学生的。而且就是当了教师之后，也还要向人民群众学习，了解自己学生的情况。"③由于发现和认识真理的基本途径就是实践。实践主要的就是人民大众的社会实践，而不是极少数所谓"精英"的实践。共产党人认识真理的路线是大众化的路线。这与一切剥削阶级的"精英"路线和统治阶

---

① 马社香：《前奏：毛泽东 1965 年重上井冈山》，当代中国出版社 2006 年版，第 176 页。

② 《毛泽东选集》第 3 卷，人民出版社 1991 年版，第 1095 页。

③ 《毛泽东文集》第 8 卷，人民出版社 1999 年版，第 324 页。

级的英雄创造历史的认识路线和方法形成了鲜明的对比。

（三）永远保持同人民群众的密切联系

密切联系群众是党的三大优良传统作风之一。真正为人民服务的党，是一时一刻也不能脱离群众而必须保持密切联系群众的作风的。这是保持党的纯洁性和先进性的需要，也是决定执政党是否具有旺盛的生命力的主要因素。

永远保持同人民群众的密切联系，与人民群众紧紧结合在一起，这是新中国和社会主义事业的力量之源，也是党的力量之源。

马克思列宁主义历来教导它的信仰者一定要保持与人民群众的密切联系。这是党的生命之源，力量之源。中国共产党人的宗旨决定了必然要密切联系群众；共产党人在革命和建设中的生命力也来源于密切联系群众。毛泽东在延安时期就曾这样描述共产党人的特点："他们生根于人民之中，他们是人民的儿子，又是人民的教师，他们每时每刻地总是警戒着不要脱离群众，他们不论遇着何事，总是以群众的利益为考虑问题的出发点，因此他们就能获得广大人民群众的衷心拥护，这就是他们的事业必然获得胜利的根据。"① 毛泽东在《关于重庆谈判》中有一段话描述了共产党人与群众的关系，几乎达到了家喻户晓的程度。他说："我们共产党人好比种子，人民好比土地。我们到了一个地方，就要同那里的人民结合起来，在人民中间生根、开花。我们的同志无论到什么地方，都要把和群众的关系搞好，要关心群众，帮助他们解决困难。"② 在《一九五七年夏季的形势》一文中，毛泽东把党群关系比喻为"鱼水关系"，并讲清了这个问题的意义。他说："所谓正确处理人民内部矛盾问题，就是我党从来经常说的走群众路线的问题。共产党员要善于同群众商量办事，任何时候也不要离开群

---

① 《毛泽东文集》第3卷，人民出版社1996年版，第47页。

② 《毛泽东选集》第4卷，人民出版社1991年版，第1162页。

众。党群关系好比鱼水关系。如果党群关系搞不好，社会主义制度就不可能建成；社会主义制度建成了，也不可能巩固。"① 这是因为党的力量之源是来自群众。毛泽东指出："力量的来源就是人民群众。不反映人民群众的要求，哪一个人也不行。"②

在新的历史时期，历届主要领导人不断弘扬毛泽东开创的这一光荣传统。邓小平进一步坚持了群众是党的力量之源的观点。他在 20 世纪 80 年代初说："群众是我们的力量的源泉，群众路线和群众观点是我们的传家宝。党的组织、党员和党的干部，必须同群众打成一片，绝对不能同群众相对立。如果哪个党组织严重脱离群众而不能坚决改正，那就丧失了力量的源泉，就一定要失败，就会被人民抛弃。"③ 1998 年 4 月 2 日，在全国组织工作会议上，江泽民也强调执政党与群众的关系是最大的政治问题。他说："政治问题，从根本上说，就是对人民群众的态度问题和同人民群众的关系问题。中央反复强调领导干部要保持清醒头脑，其中一个基本要求，就是要时刻摆正自己同人民群众的位置，时刻牢记为人民服务的宗旨，时刻警惕脱离群众的倾向。"④ 由于近年党内在作风方面出现了一些脱离群众的问题，中央领导同志就尖锐地批评了这种现象：现在有的人把与群众的"鱼水关系"、变成了"蛙水关系"，需要时跳进水去，不需要时就跳出水来了。这样的党群关系就是背离了党的优良传统和作风。批评这类作风，反映了我们党为恢复党的优良传统作风而做出的努力。只有保持党群鱼水关系，才能保证党的力量之源。

永远保持同人民群众的密切联系，也是保证执政党的领导干部和党员拒腐防变的基本条件之一。因为一切腐败现象的总的根子就是从脱离群众开始的。

毛泽东在进城之前党的七届二中全会上就提醒全党警惕资产阶级糖衣炮弹的攻击，防止在"糖弹"面前打败仗。在和平建设时期，由

---

① 《建国以来毛泽东文稿》第 6 册，中央文献出版社 1992 年版，第 547 页。

② 《毛泽东文集》第 8 卷，人民出版社 1999 年版，第 324 页。

③ 《邓小平文选》第 2 卷，人民出版社 1994 年版，第 368 页。

④ 《论党的建设》，中央文献出版社 2001 年版，第 281 页。

于管理权的相对集中，又由于权力与物质利益直接相联系，这就为一些官僚主义甚至腐败分子提供了脱离群众、违法乱纪、追求特权的便利条件。新中国建立之初，西北局、东北局、华北局纷纷报请中央处理严重的腐败蜕化分子的案件。毛泽东终于下决心在1951年底发动了党内的"三反"运动（反贪污、反浪费、反官僚主义），不久又于1952年初在私营工商业者中发起了"五反"运动（反行贿、反偷税漏税、反盗骗国家财产、反偷工减料、反盗窃国家经济情报）。经过一年的运动，不仅处决了刘青山、张子善这样的贪污腐败分子，还查处了全国县以上机关有贪污行为者123万人。[1]不断开展的整风教育活动，其实都是毛泽东开创的防止党的干部脱离群众、蜕化变质，最终导致人亡政息。毛泽东反贪反腐，保持党的干部廉洁自律的作风得到了长期的延续。此后，这一优良传统作风也成为历代领导人不断坚持的内容。

具有为人民服务精神的共产党人，是绝不允许腐败风气和腐败行为在党内存在的。在新的历史时期，习近平关于在党内进行群众路线教育的实践活动，实质上也是继承和光大毛泽东的反贪防腐的传统。习近平在党的十八届政治局常委与中外记者见面会上，就明确指出："我们的党是全心全意为人民服务的党。党领导人民已经取得举世瞩目的成就，我们完全有理由因此而自豪，但我们自豪而不自满，绝不会躺在过去的功劳簿上。新形势下，我们党面临着许多严峻挑战，党内存在着许多亟待解决的问题。尤其是一些党员干部中发生的贪污腐败、脱离群众、形式主义、官僚主义等问题，必须下大气力解决。"[2]近期在全党逐步开展的群众路线教育的实践活动，就是集中从解决形式主义、官僚主义、享乐主义、奢靡之风这"四风"入手，解决党的干部脱离群众的倾向问题。这对于发扬党的为人民服务的宗旨，保持党的纯洁性、先进性和旺盛生命力，具有重大的意义。

永远保持同人民群众的密切联系，是防止工作中出现"左"、右

---

① 《新华月报》1952年3月号。

② 《人民日报》2012年11月16日。

倾向的主要条件。

一般说来，凡是从群众的实际需要出发、保持与群众密切联系的措施和决策，就是正确的；超出群众的需要和觉悟，就要犯"左"倾冒险主义的错误；落后于群众的需要和觉悟，就要犯右倾机会主义的错误。在延安时期，毛泽东就指出："要联系群众，就要按照群众的需要和自愿。一切为群众的工作都要从群众的需要出发，而不是从任何良好的个人愿望出发。有许多时候，群众在客观上虽然有了某种改革的需要，但在他们的主观上还没有这种觉悟，群众还没有决心，还不愿实行改革，我们就要耐心地等待；直到经过我们的工作，群众的多数有了觉悟，有了决心，自愿实行改革，才去实行这种改革，否则就会脱离群众。"① 他还指出两种不同的脱离群众的倾向："在一切工作中，命令主义是错误的，因为它超过群众的觉悟程度，违反了群众的自愿原则，害了急性病。我们的同志不要以为自己了解了的东西，广大群众也和自己一样都了解了。其中是否已经了解并且是否愿意行动起来，要到群众中去考察才会知道。如果我们这样做，就可以避免命令主义。在一切工作中，尾巴主义也是错误的，因为它落后于群众的觉悟程度，违反了领导群众前进一步的原则，害了慢性病。我们的同志不要以为自己还不了解的东西，群众也一概不了解。许多时候，广大群众跑到我们前头去了，迫切地需要前进一步了，我们的同志不能做广大群众的领导者，却反映了一部分落后分子的意见，并且将这种落后分子的意见误认为广大群众的意见，做了落后分子的尾巴。"② 毛泽东在 1959 年 3 月的一封《党内通信》中再次强调这个道理："一定要每日每时关心群众利益，时刻想到自己的政策措施一定要适合当前群众的觉悟水平和当前群众的迫切要求。凡是违背这两条的，一定行不通，一定要失败。"③ 只有时刻以广大人民群众的有代表性的意见为准，才能真正防止出现"左"、右两种错误倾向。

---

① 《毛泽东选集》第 3 卷，人民出版社 1991 年版，第 1012 页。

② 同上书，第 1095 页。

③ 《毛泽东文集》第 8 卷，人民出版社 1999 年版，第 33 页。

（四）培养革命接班人的重要政治标准

在革命战争年代，坚持与工农广大群众相结合、坚持为最广大的群众服务，这是真正为人民服务的体现。这是无产阶级革命事业接班人的重要政治标准，也是检验青年真假革命的唯一标准。

早在延安时代，毛泽东就在《青年运动的方向》一文中提出了辨别一个青年是不是革命的标准，就是看他是否愿意并实行与工农民众相结合。毛泽东指出："看一个青年是不是革命的，拿什么做标准呢？拿什么去辨别他呢？只有一个标准，这就是看他愿意不愿意、并且实行不实行和广大的工农群众结合在一块。愿意并且实行和工农结合的，是革命的，否则就是不革命的，或者是反革命的；他今天把自己结合于工农群众，他今天是革命的；但是如果他明天不去结合了，或者反过来压迫老百姓，那就是不革命的，或者是反革命的了。"① 毛泽东指明的青年运动的方向，激励着一代又一代青年走上与工农群众相结合的革命道路，成为中国革命青年的传统，也成为我们党培养无产阶级革命事业接班人的传统。

在社会主义建设时期，是否实行与工农大众结合在一起，也是衡量一个青年或知识分子能不能担当社会主义事业接班人重任的重要条件。

1964 年 6 月 16 日，毛泽东在中共中央工作会议上，第一次提出培养无产阶级革命接班人的五条标准，后来在其他正式文件里广为传播，成为社会主义国家培养干部和进行党性修养的重要内容。在这五条标准中，第二条标准就是："要为大多数人民谋利益，为中国人民大多数谋利益，为世界人民大多数谋利益，不是为少数人，不是为剥削阶级，不是为资产阶级……没有这一条，不能当支部书记，更不能当中

---

① 《毛泽东选集》第 2 卷，人民出版社 1991 年版，第 566 页。

央委员。赫鲁晓夫是为少数人的利益，我们是为大多数人的利益。"①
这一条标准是继延安时期青年运动方向的新的阐述。一个人的立场是
不是站在占人口95%的大多数人的一边，仍然是衡量一个人是不是共
产党人或革命接班人的标准。在中国这样的地方，在相当长的历史时
期内，工农劳动大众始终是构成人民群众大多数的主体。所以，"为
大多数人民谋利益"，"不是为少数人"，就包括了与工农相结合的思
想实质。

有的人提出"与生产劳动相结合"，这有一定的道理，但问题的
实质还是在于是否与工农大众相结合。生产劳动是人民大众进行的基
本实践活动，基本群众还是工农大众。从本质上讲，与生产劳动相结
合的意义，并不在于与劳动过程中的劳动工具相结合，也不在于与劳
动对象相结合，而真正的意义在于与生产过程中的劳动者相结合。只
有这样，才能通过劳动体验到劳动者的那种处境、那种利益需求、那
种思想感情。所以，提出青年与生产劳动相结合，本质上就是与工农
劳动大众相结合。这并不能改变或取代与工农相结合的方向。

1990年5月3日，江泽民在首都青年纪念五四运动报告会上，发
表重要讲话，重新认定中国知识分子成长的正确道路，仍然是"深入
实际，深入工农"。他指出了当代中国知识分子的主流风貌："深入实
际，深入工农。研究社会，了解国情，理论联系实际，在实践中认识
世界、改造世界。植根于工农群众之中，从群众身上汲取营养和智慧，
把自己的力量与人民的力量融合在一起。"② 江泽民明确指出，我国知
识分子健康成长的道路，就是："在马列主义、毛泽东思想指导下，
与实践相结合，与工农相结合。"③ 这说明，毛泽东提出的青年与工农
民众相结合的方向没有过时，需要继续坚持。这说明多年和以后几十
年中形成的以是否与工农民众相结合作为判定青年革命与否的标准，
至今仍然是一个不可否定的正确的标准。

---

① 《建国以来毛泽东文稿》第11册，中央文献出版社1996年版，第85页。
② 《江泽民文选》第1卷，人民出版社2006年版，第127页。
③ 同上书，第128页。

五

自立于世界民族之林的
独立自主精神

在红军北上抗日、刚刚到达陕北的时候，毛泽东就指出："我们中华民族有同自己的敌人血战到底的气概，有在自力更生的基础上光复旧物的决心，有自立于世界民族之林的能力。"[1] 显然，毛泽东的独立自主的民族精神是立足于本民族的，同时也是立足世界的。资本主义时代的无产阶级革命和社会主义建设，虽然都是在本国范围内进行，但同时却带有国际性，需要各国无产阶级互相支援。无产阶级革命既不能输出，也不能输入，只能靠本国的无产阶级依靠本国革命和人民群众的努力，把努力的立脚点放在自己力量的基点上。毛泽东立足本国实际，使马克思列宁主义普遍真理同本国革命和建设的具体实践相结合。毛泽东为代表的中国共产党人在领导中国人民进行革命和社会主义建设的将近百年的历史中，日益鲜明地形成了独立自主的精神，成为中华民族自立于世界民族之林的现代民族精神。

这种独立自主的民族精神表现为两个侧面，一是表现为对社会主义革命和建设的自主探索；二是在国际事务中独立自主处理好各种复

---

[1] 《毛泽东选集》第 1 卷，人民出版社 1991 年版，第 161 页。

杂的国家关系。这都是与中国的前途命运息息相关的重大问题。

（一）以世界历史的视野观察中国与世界

科学意义上的世界历史视野肇始于马克思、恩格斯。自从资本主义开辟了世界市场，这个世界就在地理上、文化上、政治上联为一体。正如马克思、恩格斯在《共产党宣言》中指出的："资产阶级，由于开拓了世界市场，使一切国家的生产和消费都成为世界性的了。……过去那种地方的和民族的自给自足和闭关自守状态，被各民族的各方面的互相依赖所代替了。物质的生产是如此，精神的生产也是如此。各民族的精神产品成了公共的财产。民族的片面性和局限性日益成为不可能……资产阶级，由于一切生产工具的迅速改进，由于交通的极其便利，把一切民族甚至最野蛮的民族都卷到文明中来了。"①马克思、恩格斯对于世界历史的论断是面对资本主义现实的结论，是对整个世界发展的时代性的精辟概括。此后看世界必须把世界看作一个有机联系的整体，看到其整体的进程及其各个部分的联系和相互作用。

马克思主义的这种新的世界视野是逐步深入的。马克思、恩格斯最初看到的是资本主义的世界市场体系；接着看到的是欧洲1848—1850年的阶级斗争，那些本质上属于社会主义的斗争，由于资本主义的法国具有广大的东方殖民地而归于失败；最终看出东方的相对落后的国家的革命会对于西方资本主义发达国家的社会进程具有促进作用。而导致这一切变化的是生产力和世界交往的发展。今日全球化浪潮，从某种意义上进一步证实了马克思的世界历史理论的科学魅力。

毛泽东指导中国革命和建设的过程，始终体现了马克思主义的这种时代性特点。毛泽东坚持以世界历史的视野观察中国和世界。这也是他在思想理论上不断取得成功的主要因素之一。

---

① 《马克思恩格斯选集》第1卷，人民出版社1995年版，第276页。

在抗日战争初期，毛泽东就提出了中国的抗战是世界战争的一部分。1935 年 12 月 27 日，毛泽东在陕北的瓦窑堡会议上作了《论反对日本帝国主义的策略》的报告，其中就反复论证了中国革命和反对日本帝国主义的国际意义。他指出："自从帝国主义这个怪物出世之后，世界的事情就联成一气了，要想割开也不可能了。……我们不会再是孤立的了。这是中国抗日战争和中国革命取得胜利的一个必要的条件。"①

1938 年 2 月 11 日，延安举行了反侵略大会，毛泽东在这个大会的演说中，充分阐述了反侵略斗争的世界历史意义。他说："现在，世界的侵略者结成一种侵略阵线，破坏世界的和平，反侵略者则团结世界上大多数人民保卫世界的和平，反对侵略战争，这样两个相反方向的阵线在全世界斗争着。过去历史上还没有过这样伟大的世界运动，还没有过像今天这样动员全世界地区的大运动，现在是全世界大多数好人向着世界上少数坏人算总账的时候。"② 这种形成全世界反对日本帝国主义侵略的统一战线的思想清晰可见。

1938 年 10 月，他在党的六届六中全会的报告中又一次指出："中国已紧密地与世界联成一体，中日战争是世界战争的一部分。中国抗日战争的胜利不能离开世界而孤立起来。……中国无论何时也应以自力更生为基本立脚点。但中国不是孤立也不能孤立，中国与世界紧密联系的事实，也是我们的立脚点，而且必须成为我们的立脚点。我们不是也不能是闭关主义者，中国早已不能闭关。现在更是一个世界性的帝国主义用战争闯进全中国来，全中国人都关心世界与中国的关系，尤其关心目前欧洲时局的变动。"③ 这种认为"中国已紧密地与世界联成一体"的观点充分证明，毛泽东为代表的中国共产党人从来就是以世界历史的视野看问题，所谓"闭关锁国"的帽子，永远扣不到毛泽东为代表的中国无产阶级政党头上。

---

① 《毛泽东选集》第 1 卷，人民出版社 1991 年版，第 161 页。
② 《毛泽东文集》第 2 卷，人民出版社 1993 年版，第 89 页。
③ 《毛泽东外交文选》，中央文献出版社 1994 年版，第 16 页。

1939 年 1 月，毛泽东写的《论持久战》被翻译成英文出版。毛泽东为这本书写的英译本序言指出："伟大的中国抗战，不但是中国的事，东方的事，也是世界的事。……在伟大抗战中，基本的依靠中国自力胜敌……但同时，需要外援的配合，我们的敌人是世界性的敌人，中国的抗战是世界性的抗战，孤立战争的观点历史已指明其不正确了。"①

在中国人民政治协商会议第一届全体会议上，毛泽东以世界历史的胸怀和眼光，书写新中国的历史。他说："诸位代表先生们，我们有一个共同的感觉，这就是我们的工作将写在人类的历史上，它将表明：占人类总数四分之一的中国人从此站立起来了。中国人从来就是一个伟大的勇敢的勤劳的民族，只是在近代是落伍了。这种落伍，完全是被外国帝国主义和本国反动政府所压迫和剥削的结果。一百多年来，我们的先人以不屈不挠的斗争反对内外压迫者，从来没有停止过……我们团结起来，以人民解放战争和人民大革命打倒了内外压迫者，宣布中华人民共和国成立了。我们的民族将从此列入爱好和平自由的世界各民族的大家庭，以勇敢而勤劳的姿态工作着，创造自己的文明和幸福，同时也促进世界的和平和自由。我们的民族将再也不是一个被人侮辱的民族了，我们已经站起来了。我们的革命已经获得全世界广大人民的同情和欢呼，我们的朋友遍于全世界。"②

这种世界历史的视野，在两大阵营对峙的 20 世纪 50—60 年代，主要地被毛泽东表述为：东风压倒西风，以及世界上到底谁怕谁的问题。在 50 年代中期，美国怕苏联，但是不太怕中国。因为中国还不发达。但是美国怕中国的政治，怕中国的思想意识方面的力量。其实是双方都互相有点怕。但是到了 1957 年 11 月 18 日，毛泽东参加莫斯科共产党、工人党代表大会时，就觉得世界形势变得对社会主义阵营有利了。毛泽东在这个大会的发言中说："现在我感觉到国际形势到了

① 《毛泽东文集》第 2 卷，人民出版社 1993 年版，第 145—146 页。
② 《毛泽东外交文选》，中央文献出版社 1994 年版，第 113—114 页。

一个新的转折点。世界上现在有两股风：东风，西风。中国有句成语：不是东风压倒西风，就是西风压倒东风。我认为目前形势的特点是东风压倒西风。"① 毛泽东具体分析了这个世界局势的特点："落后国家强些，还是先进国家强些？印度强些，还是英国强些？印尼强些，还是荷兰强些？阿尔及利亚强些，还是法国强些？我看所有帝国主义都是下午六点钟的太阳，而我们呢，是早上六点钟的太阳。于是乎转折点就来了。就是说，西方国家跑到后边了，我们大大占了上风了。一定不是西风压倒东风，因为西风是那么微弱。一定是东风压倒西风，因为我们强大。问题是不能用钢铁数量多少来做决定，而是首先由人心的向背来做决定的。历史上从来就是如此。历史上从来就是弱者战胜强者，没有枪的人战胜全副武装的人。"② 毛泽东在这里就是以人心向背为标准，阐述了以弱胜强、以小胜大的道理。这对于鼓舞当时社会主义阵营的团结，振奋社会主义国家的信心，无疑起了重要的作用。

1958 年 9 月，毛泽东在对巴西记者的谈话中，表明了"东风压倒西风"的提法是为了鼓舞亚非拉国家破除对西方的迷信，要从本质上、从世界历史的进程中看待先进与落后。毛泽东指出："它们这些殖民国家结成一体，自称为西方国家。从地理上看，巴西也算是西方国家；但是，从政治上看，它们所说的西方国家，实际上只是美国、英国、法国、意大利、比利时、西德、荷兰等等。西方世界的太阳是傍晚的没落的太阳，亚洲、非洲、拉丁美洲的太阳是早晨的上升的太阳。帝国主义历来就是吓唬人的，有时也动手打人，我们就是不要被它们吓倒，不要怕它们。对西方的崇拜是一种迷信，这是由历史形成的，现在这种迷信正在逐渐破除。说西方是先进的，这也是一种迷信；恰恰相反，它们是落后的。……它们在政治上是落后的，是腐败的，是低级趣味的，所以我们看不起它们。列宁说过先进的亚洲、落后的欧洲这样的话。那时候，列宁所指的是中国和亚洲其他国家的民主运

---

① 《毛泽东外交文选》，中央文献出版社 1994 年版，第 291 页。
② 同上书，第 297—298 页。

动，他看出亚洲要跑在欧洲的前面。现在，除了社会主义阵营以外，除了亚洲的民族革命运动以外，还要加上非洲和拉丁美洲的民族革命运动；这些都是先进的，而西方世界则是落后的。"① 毛泽东在会见拉丁美洲和非洲十四国代表时，进一步总结了他的这个判断："过去是我们怕帝国主义的时代，这个时代已经过去；现在是帝国主义怕我们的时代。它们的人很少，做的事很坏，它们保护那些反动分子、走狗。"②

这种世界历史的视野在 20 世纪 50 年代末 60 年代初，又被毛泽东表述为落后地区的国家更加容易发生革命。毛泽东创造了"空气稀薄"这个概念。所谓"空气稀薄"有两层含义：一是资本主义不发达；二是工人贵族的社会民主党的影响即资产阶级影响较小。毛泽东认为落后的国家，属于"空气稀薄"的地方，更加容易发生革命。1959 年 3 月，毛泽东在与拉丁美洲一些国家共产党领导人的谈话中指出，亚洲、非洲、拉丁美洲，"这三个洲的国家是西方世界的后方。这个后方现在已经不稳固了，它的空气比较稀薄，比较容易冲破帝国主义的统治。……为什么说它的空气比较稀薄呢？因为亚洲、非洲、拉丁美洲的经济落后，资本主义不发达，帝国主义和封建主义的统治占主要地位。过去俄国就是这样，它的空气也比较稀薄。在这些地区，无产阶级有广大的同盟军，社会民主党的影响不如在西方国家那么厉害，工人阶级受资产阶级的影响不那么深。因此，这些地区的革命斗争特别旺盛。现在亚洲、非洲、拉丁美洲蓬勃地开展起反帝斗争了。非洲人口有两亿多，他们处在反帝斗争的前线。拉丁美洲也是处在反帝斗争的前线。"③

毛泽东关于"空气稀薄"导致革命的思想，在 1961 年 1 月 24 日与日本社会党国会议员黑田寿男的谈话中就更加明确了。毛泽东说："你们国家为什么到现在革命还没有胜利呢？看来资本主义比较发达

---

① 《毛泽东外交文选》，中央文献出版社 1994 年版，第 338—339 页。

② 同上书，第 400 页。

③ 《毛泽东文集》第 8 卷，人民出版社 1999 年版，第 16—17 页。

的国家，胜利可能比较晚些，其原因就是资本主义比较发达。革命首先在资本主义不发达的国家取得胜利，那里的空气稀薄，易于突破。例如俄国和中国空气是稀薄的，现在非洲也如此。日本的垄断资本在美国、英国、法国、德国、意大利等七八个资本主义大国中还是比较薄弱的，原因是：第一打了败仗；第二受美国的统治。……日本有资产阶级的民主，有国会，这是你们的好处，也是缺点。"①

这种世界历史的视野在 20 世纪 70 年代初，新的世界格局逐渐显现，主要就是中美苏"大三角"的国际政治格局的出现。

由于苏联长期推行苏美合作主宰世界的霸权主义，原有的社会主义阵营逐步解体。苏联 1968 年 8 月悍然入侵捷克斯洛伐克，激起世界范围内的谴责；在中国东北和中蒙边界，苏联陈兵百万，并于 1969 年 3 月入侵中国领土珍宝岛，引发武装冲突；苏联在中国新疆策划铁列克提流血事件，并放风要对中国进行核打击。苏联的霸权主义的嚣张气焰和对中国的威胁上升，逐渐成为占据首位的矛盾。同时，美国对中国南疆的包围圈尚未撤销，侵越战争仍然在继续，但尼克松上台后表达了收缩战线、改善中美关系的意图，并在 1970 年 10 月先后通过巴基斯坦的"叶海亚渠道"和罗马尼亚的"齐奥塞斯库渠道"表达促成中美关系正常化的愿望。毛泽东鉴于国际局势的变化，以极大的魄力构筑新的国际关系的新格局。

毛泽东 1970 年 12 月 18 日在对美国记者斯诺谈话中表示欢迎尼克松访华。毛泽东是这样评价尼克松的："他的欺骗性也有，但比较地少一点……他跟你来硬的多，来软的也有。他如果想到北京来，你就捎个信，叫他偷偷地，不要公开，坐上一架飞机就可以来嘛。""1972 年美国要大选，我看，这年的上半年尼克松可能派人来，他自己不来。要来谈是那个时候。他对那个台湾舍不得，蒋介石还没有死。……中美两国总是要建交的。中国和美国难道就一百年不建交啊？我们又没有占领你们那个长岛。"②

① 《毛泽东外交文选》，中央文献出版社 1994 年版，第 459 页。

② 同上书，第 592、594 页。

　　1971 年 4 月中国乒乓球队在名古屋世乒赛上与美国乒乓球队的友谊交往，不仅留给世界一段佳话，而且极大地推动了中美缓和关系的进程，世称"乒乓外交"。毛泽东料事如神，果然，中美是在 1972 年正式谈判建立正常邦交的问题，不过这次来的却是尼克松本人，而不是派其代表来。当天，中美两国最高领导人坐在毛泽东书房里谈话，成为改变世界格局的起点。毛泽东与尼克松会谈的情景成为日后洛杉矶郊区尼克松纪念馆中"世界领袖长廊"的核心内容。中美两国于 2 月 28 日发表的上海公报，美国方面第一次承认："在台湾海峡两边的中国人都认为只有一个中国，台湾是中国的一部分。美国政府对这一立场不提出异议。"① 这是世界历史上具有重大意义的事件。尼克松访华，不仅打破了美国自二战以来执行的"冷战"政策和对中国的"新月形包围圈"，而且使中国摆脱了同时受两个霸权主义国家威胁和制约的被动局面。在乒乓外交之后六个月，发生了联合国恢复中国一切合法席位、同时驱逐蒋介石代表的大喜事。在乒乓外交之后不到两年零四个月的时间里，有 99 个国家和地区与中华人民共和国建立或恢复了正式外交关系。世界的风向变了，和平与发展代替了世界大战的威胁，缓和代替了对抗成为主流，普遍的世界交往取代了一度相互封闭的国际关系。世界政治格局出现了"中美苏大三角"影响世界的新潮流。这是毛泽东世界历史视野的大手笔。

　　对于毛泽东的这一大手笔，邓小平曾经对其本质做过概括。他说："中国本来是个穷国，为什么有中美苏'大三角'的说法？就是因为中国是独立自主的国家。为什么说我们是独立自主的？就是因为我们坚持有中国特色的社会主义道路。否则，只能是看着美国人的脸色行事，看着发达国家的脸色行事，或者看着苏联人的脸色行事，那还有什么独立性啊！现在国际舆论压我们，我们泰然处之，不受他们挑动。"②

　　这种世界历史的视野在 20 世纪 70 年代中期越来越多地表述为

---

① 谢益显：《折冲与共处》，河南人民出版社 1990 年版，第 165 页。
② 《邓小平文选》第 3 卷，人民出版社 1993 年版，第 311—312 页。

<<<

"三个世界"的划分。"三个世界的划分",是在 1974 年 2 月,毛泽东与来访的赞比亚总统卡翁达的谈话中第一次提出的。毛泽东对卡翁达说:"我看美国、苏联是第一世界。中间派,日本、欧洲、澳大利亚、加拿大,是第二世界。咱们是第三世界。""亚洲除了日本,都是第三世界。整个非洲都是第三世界,拉丁美洲也是第三世界。"[①] 毛泽东关于三个世界划分的思想,于当年 4 月就由从"文化大革命"中刚刚恢复工作不久的邓小平带到了联合国的大会发言中。据写作《邓小平时代》的美国传记作者傅高义说,这个发言在联合国大会上"博得了非同寻常的、经久不息的掌声"。第三世界的国家最感兴趣的就是这些话语:"中国绝不称霸,如果中国也欺负和剥削他国,世界人民尤其是发展中国家就应当给它戴上一顶'社会帝国主义'的帽子,同中国人民一起打倒它。"[②] 据这位传记作者说,这个发言稿是由当时的外交部长乔冠华起草的,毛泽东批示"赞同"。"由于在他的发言中关于第三世界的基本思想全是来自毛泽东,也由于美国人并不喜欢有人把自己跟苏联联系在一起,所以这篇发言并没有收进他后来出版的'文选'。"[③] 这个对世界的划分,基本上解决了在国际斗争中依靠谁、联合谁、重点对付谁的问题。显然就是依靠第三世界,联合第二世界,重点对付第一世界。这是一个团结大多数,重点反对霸权主义的国际斗争战略。历史证明,这个战略是正确的,具有重大的历史进步意义。有的学者认为,"三个世界"战略思想的核心是把苏联放在与美国同一个档次里,使人们容易意识到,需要反对的是两个而不是一个超级大国的霸权行径。这在当时人们的观念中一新耳目,有很大的现实意义。[④] 这个评论是很中肯的。事实证明,"三个世界划分"的意义,远远超越了当时的时空,仍然指导着今日的国际战略方针沿着正确的方向发展。

---

①　《毛泽东外交文选》,中央文献出版社 1994 年版,第 592、600—601 页。

②　傅高义:《邓小平时代》,生活·读书·新知三联书店 2013 年版,第 94 页。

③　同上。

④　谢益显:《折冲与共处》,河南人民出版社 1990 年版,第 168 页。

（二）联合世界上一切平等待我之民族共同奋斗

毛泽东关于"联合世界上一切平等待我之民族共同奋斗"的思想，实际上继承了孙中山的主张，二者既有明显的继承性，又体现了毛泽东更加科学的态度和更加广阔的胸怀。

毛泽东的这一主张出自 1947 年 10 月 10 日他起草的《中国人民解放军宣言》，在"否认一切卖国外交"一段文字的结语部分之后，就以"联合世界上一切以平等待我之民族共同奋斗"为结尾。[①] 其实这句话表达的主张是中国近代以来一切有见识的进步的仁人志士的共同主张，只是到了中国共产党人手中赋予了切实的含义。1925 年 3 月 11 日，孙中山在其"遗嘱"中说："积四十年之经验，深知欲达到此目的，必须唤起民众，及联合世界上以平等待我之民族，共同奋斗。"[②] 毛泽东根据时代特点发挥了这一重要思想，在反对帝国主义的斗争中，这就是建立最广泛的反帝统一战线的思想基础，在和平时代的国际交往中，这就是正常对外交往的思想基础。

为什么毛泽东与孙中山在相隔 20 多年之后得出了如此一致的思想主张？对此，毛泽东在 1949 年 6 月 30 日的《论人民民主专政》一文中直接做了较为详细的解释。他说："积二十八年的经验，如同孙中山在其临终遗嘱里所说'积四十年之经验'一样，得到了一个相同的结论，即是：深知欲达到胜利，'必须唤起民众，及联合世界上以平等待我之民族，共同奋斗'。孙先生和我们具有各不相同的宇宙观，从不同的阶级立场出发去观察和处理问题，但在二十世纪二十年代，在怎样和帝国主义作斗争的问题上，却和我们达到了这样一个基本上一致的结论。"[③] 毛泽东分析了孙中山这种经验的内涵："孙中山的一

---

① 《毛泽东选集》第 4 卷，人民出版社 1991 年版，第 1238 页。
② 《孙中山选集》下卷，人民出版社 1956 年版，第 921 页。
③ 《毛泽东选集》第 4 卷，人民出版社 1991 年版，第 1472 页。

生中，曾经无数次地向资本主义国家呼吁过援助，结果一切落空，反而遭到了无情的打击。在孙先生一生中，只得过一次国际的援助，这就是苏联的援助。请读者们看一看孙先生的遗嘱吧，他在那里谆谆嘱咐人们的，不是叫人们把眼光向着帝国主义国家的援助，而是叫人们'联合世界上以平等待我之民族'。孙先生有了经验了，他吃过亏，上过当。我们要记得他的话，不要再上当。"①

毛泽东关于"联合世界上一切平等待我之民族共同奋斗"的思想，体现了国家不分大小、强弱、发达与否、民族肤色，一律平等的精神。

1955 年 10 月 15 日，毛泽东在会见日本国会议员访华团时，很有风趣地说："我们都属于有色人种。有色人种是被人家看不起的，最大的'缺点'就是有色。有些人喜欢有色金属而不喜欢有色人种。据我看，有色人种相当像有色金属，有色金属是贵重的金属，有色人种至少与白色人种同等贵重。……世界上所有的人，不管他是什么肤色，都是平等的。我们两个民族现在是平等了，是两个伟大的民族。"②

在 1956 年 10 月欢迎印度尼西亚总统苏加诺的宴会上，毛泽东赞扬印度尼西亚苏加诺总统对亚非万隆会议的召开，作了重大的贡献，对世界和平产生了深远的影响。他说："我们亚洲、非洲和拉丁美洲爱好自由和独立的人民，都在反对殖民主义。在埃及收回苏伊士运河公司的问题上，我们亚洲、非洲和拉丁美洲和全世界爱好和平的人民，必须继续对埃及的正义斗争给予坚决的支持。殖民主义者希望我们不团结，不合作，不友好。我们必须用加强团结、加强友好合作来回答他们，我们必须使殖民主义者的阴谋彻底破产。"③

1958 年 8 月毛泽东在会见柬埔寨国王西哈努克的时候，提出了大国小国应该平等相待的主张。他说："大国、小国应该平等相待。有这样一种论调：大国是不好惹的，小国是可以随便欺侮的。这种论调

---

①　《毛泽东选集》第 4 卷，人民出版社 1991 年版，第 1474—1475 页。

②　《毛泽东外交文选》，中央文献出版社 1994 年版，第 219 页。

③　同上书，第 276 页。

是绝对没有道理的。什么大国小国，大国往往是由许多小国联合组成。中国在古代就是由一万个左右的小国组织成的，后来变成八百个小国，以后又变成七个小国，最后才统一成一个大国。现在中国还是由许多省份组成的。……八国联军中也有小国，可是它们欺侮大国。日本也是小国，也侵略过我们。这是因为它们是工业国；我们是农业国，政府也很腐败。国家大小只是形式。我们两个是完全平等的朋友性质的国家。我们希望你们发达起来，我看这是完全可能的。"①

这种以彻底的平等态度对待一切平等待我之民族，在毛泽东看来，也包括那些与我们有分歧的国家，也包括那些加入了对付我们的国际条约的国家，这些国家同样是我们应该团结的对象。1959年5月，毛泽东在审阅外交部的文件时，对一些国家做了宽宏大量的分析："尽管菲律宾、泰国、巴基斯坦参加了旨在对付中国的东南亚条约组织，我们还是不把这三个国家当作主要的敌人对待，我们的主要敌人是美帝国主义。印度没有参加东南亚条约，印度不是我们的敌对者，而是我国的友人。中国不会这样蠢，东方树敌于美国，西方又树敌于印度。西藏叛乱的平定和进行民主改革，丝毫不会威胁印度。"②

毛泽东关于民族平等的思想，体现在他对一切被压迫的殖民地、半殖民地解放出来的国家格外热情和主动。他在与索马里总理会见时说："见到你们很高兴。昨天我见了一批非洲朋友。我们和你们谈得来，觉得平等。我们不把意见强加给你们，你们也不强加于我们。我们互相帮助，互相支持，互相学习斗争中的经验。"③ 这种彻底的平等和亲切态度，树立了中国与一切民族主义国家交往的典范。

毛泽东还一贯地鼓励和激励发展中国家要有信心追、超西方发达国家。1964年他在会见坦桑尼亚第二副总统时说："西方那些发达的资本主义和帝国主义国家都有几百年的建设历史。它们几百年建成这

---

① 《毛泽东外交文选》，中央文献出版社1994年版，第334页。

② 同上书，第376页。

③ 同上书，第497页。

个样，我们几十年赶上，时间不是并不那么长吗？我们要有信心。有人说有色人种就不如白种人。我看，它们说得不对。有色人种觉醒起来之后，可能还要做的比西方更好一些。世界上人数最多的地方是亚洲、非洲和拉丁美洲。"①

毛泽东关于"联合世界上一切平等待我之民族共同奋斗"的思想，在国际交往中概括为和平共处五项原则，为维护世界和平作出了杰出贡献。列宁在十月革命之后，曾经提出了不同社会制度的国家可以和平共处的思想。新中国建立时也提出了国家交往的原则是"平等、互利及互相尊重领土主权等项原则"。中国作为一个社会主义的大国，周边集聚的邻国大都是民族主义国家。由中国提出和倡导国家平等交往的系统的原则，既能够规范兄弟国家之间的交往规则，又能够使美国等帝国主义国家或者具有帝国主义倾向的国家暴露其对外政策的野蛮和落后。1951 年 1 月，当联合国讨论在朝鲜停火问题时，当时美国就极力鼓动要把"侵略者"的帽子强加在中国头上，但印度、缅甸没有跟着美国人跑。当时，联合国里还出现了与美国人对立的 13 个亚洲和阿拉伯国家的联合提案。1953 年 12 月 31 日，中国总理周恩来在会见印度代表团时，首次正式提出解决两国关系的原则是："互相尊重领土主权、互不侵犯、互不干涉内政、平等互惠和和平共处。"当时中印两国达成的协议中完整地体现出了和平共处五项原则。中国、印度、缅甸三国成为最早倡导和平共处五项原则的国家。1954 年 12 月 11 日，毛泽东对缅甸吴努总理谈到了和平共处五项原则。他说："我们认为，五项原则是一个长期方针，不是为了临时应付的。这五项原则是适合我国情况的，我国需要长期的和平环境。五项原则也是适合你们国家的情况的，适合亚洲、非洲绝大多数国家的情况的。对我们来说，稳定比较好，不仅是国际上要稳定，而且国内也要稳定。"②

真正体现并扩大"和平共处五项原则"的国际活动是 1955 年 4 月

---

① 《毛泽东外交文选》，中央文献出版社 1994 年版，第 526 页。
② 同上书，第 186—187 页。

在印度尼西亚的万隆召开的亚非会议。在印尼召开的万隆会议是第一次没有西方国家参加的国际会议，而当时的亚非独立国家几乎全部出席了这次大会。这次会议表明，亚非新独立的国家要在国际舞台上独立地表达自己的意见了。会议发出邀请的 29 个国家全部参加了大会。中国不仅促成了大会的成功，而且不失时机地扩大了自身的影响，发展了与民族主义国家的关系，倡议了和平共处五项原则，为国际交往奠定了一个便于为各国接受的规范。

毛泽东关于"联合世界上一切平等待我之民族共同奋斗"的思想，还反映了在一切进步事业中结成广泛的国际统一战线的思想。

1956 年 7 月 26 日，埃及将苏伊士运河公司收归国有，并击退了英法对埃及的侵略战争。不久，毛泽东接见了埃及驻华大使，高度赞扬埃及收回苏伊士运河，高度赞扬总统纳赛尔是民族英雄。毛泽东认为："收回苏伊士运河是一个很好的开始。""纳赛尔总统是亚非地区的民族英雄，因此帝国主义才不喜欢他。""埃及团结了八千万阿拉伯人民，组成了一条坚固的反对帝国主义的战线。在这条战线上，埃及是处在最前哨。中国是在另一条反帝战线的最前哨。有了你们，我们就好办了。如果你们垮台，我们这里也不好办。"① 这种亚非拉组成广泛的反帝统一战线的思想十分清晰。

不仅如此，毛泽东对于反帝统一战线的援助是无私的，是没有任何附加条件的。1956 年 9 月 17 日，毛泽东在同埃及驻华大使哈桑·拉加卜的谈话中说："你们有什么需要，只要我们力所能及，一定帮助。我们对你们的帮助，你们能还就还，不能还就算了，我们可以给无代价的援助。当然，埃及是个有民族自尊心的国家，如果接受我们的援助还是要还，那末现在就可以记账，以后再说，或者过了一百年以后再还吧。埃及现在遭受西方国家的经济封锁，我们也经历过这种封锁，深知埃及人民的艰苦。中国在抗美援朝时，花了不少钱，死了不少人，现在没有战争了，可以尽力帮助埃及。"②

---

① 《毛泽东外交文选》，中央文献出版社 1994 年版，第 248 页。

② 同上书，第 248—249 页。

毛泽东还认为一切反对帝国主义的斗争都是互相支持的。

1959 年 2 月，毛泽东在与喀麦隆等非洲国家的代表谈话中就表达了这一思想。他说："你们需要支持，我们也需要支持，而且所有的社会主义国家都需要支持。谁来支持我们？还不是亚洲、非洲、拉丁美洲的民族解放运动，这是支持我们的最主要的力量。支持我们的还有西欧的工人阶级。所以是互相的支持。你们那里的反帝运动就是支持我们。苏联、中国把工作做好一点，就是支持你们。"①

1960 年 5 月 17 日，毛泽东在接见阿尔及利亚政府代表团时说："我们对所有反帝力量都支持，同时他们也支持了我们，这是世界反帝力量最广泛的统一战线。困难是暂时的，前途总是光明的。"②

毛泽东关于反帝统一战线的思想是一贯的，坚持如一的。

1964 年 1 月 12 日，毛泽东在与《人民日报》记者的谈话中，又一次阐述了反帝统一战线的思想。他说："社会主义阵营各国人民要联合起来，亚洲、非洲、拉丁美洲各国人民要联合起来，全世界各大洲的人们要联合起来，所有爱好和平的国家要联合起来，所有受到美国侵略、控制、干涉和欺负的国家要联合起来，结成最广泛的统一战线，反对美帝国主义的侵略政策和战争政策，保卫世界和平。"③

1964 年 7 月 9 日，毛泽东在接见亚洲、非洲和大洋洲一些国家的访华代表团时说："我们之间的相互关系是兄弟关系，不是老子对儿子的关系。要巩固团结，要建立广泛的统一战线。不管什么人，不管是黑人、白人或是黄种人，不管他信什么宗教，是天主教、基督教、伊斯兰教或佛教，也包括一部分民族资产阶级，只要是反对帝国主义的，反对帝国主义走狗的，都应该团结，只不包括帝国主义在这些国家内的走狗。"④

---

① 《毛泽东外交文选》，中央文献出版社 1994 年版，第 370 页。

② 同上书，第 418 页。

③ 同上书，第 511 页。

④ 同上书，第 538 页。

（三）坚持独立自主，反对大国沙文主义

中国革命的特殊道路，实际上就是以毛泽东为代表的中国共产党人独立自主地把马克思列宁主义运用于中国革命实践的产物。新中国走向社会主义的道路，最终走上中国特色社会主义的道路，也是同样的道理。中国共产党人，不接受任何大国或大党的压力和指使；同时，我们自己也不会压迫和指使别的国家或别的兄弟党。在国际交往中，我们拒斥了倚强凌弱、以大欺小的大国沙文主义，并且与大国沙文主义作了卓有成效的斗争，真正体现了无产阶级国际主义原则，在当代世界树立了一个崭新的榜样。

1954 年毛泽东与缅甸总理吴努谈话中专门谈到了"大国小国的问题"。毛泽东表示："我们认为，国家不应该分大小。我们反对大国特有的权利，因为这样就把大国和小国放在不平等的地位。大国高一级，小国低一级，这是帝国主义的理论。一个国家不论多么小，即使它的人口只有几十万甚至几万，它同另外一个有几万万人口的国家，也应该是完全平等的。这是一个基本原则，不是空话。既然说平等，大国就不应该损害小国，不应该在经济上剥削小国，在政治上压迫小国，不应该把自己的意志、政策和思想强加在小国身上。既然说平等，互相就要有礼貌，大国不能像封建家庭里的家长，把其他国家看成是它的子弟。艾德礼先生批评美国对危地马拉的做法是，就像一个中世纪家庭的父亲替他的儿子找一个自己看得中的媳妇。不论大国小国，互相之间都应该是平等的、民主的、友好的和互助互利的关系，而不是不平等的和互相损害的关系。"① 谈话中，吴努总理感动地说："我把主席和刘委员长对我提出的建议，看作是大哥哥们对一个小弟弟提出的建议。大哥哥是比小弟弟更有经验的。当我相信对我提建议的人是诚实、真诚而且是为了他们的人民献身的，我就像小弟弟对大哥哥一

---

① 《毛泽东外交文选》，中央文献出版社 1994 年版，第 191—192 页。

样的谦恭，听取他们的建议。"毛泽东听后立即纠正了吴努的这种说法："我们不是大哥哥同小弟弟的关系，我们是同年同月同日生的兄弟。"① 从这里可以看出毛泽东为代表的一代中国领导人对各国不论大小一律平等的思想是多么彻底，同时也可以看出他对大国沙文主义的深恶痛绝。

在中苏两党的对抗和论战的历史中，更能够看清毛泽东坚持独立自主、与大国沙文主义进行斗争的坚决态度。对于这场对抗和论战的评价，中共中央《关于建国以来若干历史问题的决议》做过科学的概括："苏联领导人挑起中苏论战，并把两党之间的原则争论变为国家争端，对中国施加政治上、经济上和军事上的巨大压力，迫使我们不得不进行反对苏联大国沙文主义的正义斗争。"② 《决议》做出的这一概括，准确地揭示了毛泽东为代表的中国共产党人反对苏联大国沙文主义斗争的背景，揭示了这一斗争的主要内容和基本线索。

反对苏联当年的大国沙文主义，典型地体现了毛泽东独立自主的精神和大无畏的斗争精神。其实，苏联赫鲁晓夫集团企图压制中国而表现出来的大国沙文主义苗头，从 1954 年就开始了。根据德国总理阿登纳的回忆录，1955 年赫鲁晓夫曾经向他提出"请求"，要他帮忙"对付赤色中国"。③ 毛泽东后来也发觉了这一斗争的源头，他在 1974 年 5 月同英国前首相希斯的谈话中说："中苏的分歧要从 1954 年开始算起。因为 1955 年阿登纳到莫斯科，赫鲁晓夫就对阿登纳说，中国不得了了。阿登纳的回忆录上是这么写的。"④ 新中国在内政外交方面并非事事依从苏联，而是坚持独立自主的品格。这种日益鲜明的独立自主的品格引起赫鲁晓夫的疑虑和干涉；同时，苏联方面对中国的怀疑和干涉企图，也引起毛泽东对苏联大国沙文主义的警觉和斗争。1957

① 《毛泽东外交文选》，中央文献出版社 1994 年版，第 196 页。

② 《十一届三中全会以来重要文献选读》上册，人民出版社 1987 年版，第 324 页。

③ 《阿登纳回忆录》（中译本）第 2 册，第 625—626 页，转引自谢益显《折冲与共处》，河南人民出版社 1990 年版，第 132 页。

④ 《毛泽东外交文选》，中央文献出版社 1994 年版，第 603 页。

年1月，毛泽东在省市委书记会议上指出了赫鲁晓夫搞大国沙文主义的问题。他说："苏联那些顽固分子还要搞大国沙文主义那一套，行不通了。我们目前的方针，还是帮助他们，办法就是同他们当面直接讲。这次我们的代表团到苏联去，就给他们捅穿了一些问题。……我们也没有一切都捅穿，法宝不一次使用干净，手里还留了一把。"①

　　苏联的大国沙文主义是随着赫鲁晓夫的地位的稳定而逐渐加剧。为了遏制中国、控制中国，苏联大国沙文主义逐步升级。1958年4月下旬，苏联国防部向中国国防部提出，希望中苏联合出资，在中国境内建设一套大功率长波电台，以便指挥苏联在太平洋地区活动的潜艇。苏联方面坚持这个电台由中苏共同出资建设、共同管理、共同所有。中国方面的态度则是电台由中国方面负责建设，所有权属于中国，建成后两国共同使用。争议在于所有权归中国所有，还是中国与苏联共同所有。由于长波电台的所有权问题涉及国家主权问题，毛泽东在这个问题上十分敏锐而坚决。1958年6月7日，他批示："钱一定由中国出，不能由苏方出。使用共同。""如苏方以高压加人，则不要回答，拖一时期再说。"② 7月21日，苏联驻华大使尤金在与毛泽东谈话时转达了赫鲁晓夫的建议，由中苏两国合办，建立一支共同潜艇舰队。苏方之所以提出这样的建议的"理由"是：苏联的自然条件不利于充分发挥核潜艇的作用，而中国的海岸线很长，条件很好。毛泽东当即反问尤金："首先要明确方针：是我们办，你们帮助？还是只能合办，不合办你们就不给帮助，就是你们强迫我们合办？"③ 对于苏联大国主义企图超越中国主权搞所谓"合作社"的行为，毛泽东寸步不让。为此，他睡不着觉，吃不下饭，实在憋不住，就把苏联驻华大使尤金叫来谈话。这次外事谈话，毛泽东本来还想控制，婉转地批评苏联领导人不以平等态度待人。结果越说情绪越奔腾，越说越怒不可遏，最后简直就是直率地摊牌了。嘲讽的批判变成了愤怒的嘲讽。毛泽东直言

---

① 《毛泽东外交文选》，中央文献出版社1994年版，第282—283页。

② 同上书，第316页。

③ 同上书，第322页。

批判苏联领导人的作风："苏联同志胜利了四十年，有经验。我们胜利才八年，没有经验，你们才提合营问题。……你们就是不相信中国人，只相信俄国人。俄国人是上等人，中国人是下等人，毛手毛脚的，所以才产生了合营的问题。要合营，一切都合营，陆海空军、工业、农业、文化、教育都合营，可不可以？或者把一万多公里长的海岸线都交给你们，我们只搞游击队。"① "你们建议搞海军'合作社'，怎么向全世界讲话？怎么向中国人民讲话？……搞'合作社'有一个所有权的问题，你们是提出双方各占百分之五十。你们昨天把我气得一宿没有睡觉。"对于"共同潜艇舰队"，毛泽东指出："这个问题和搞'合作社'一样，无法向人民讲，向国外讲，政治上不利。"② "搞海军'合作社'，就是在斯大林活着的时候，我们也不干。我在莫斯科也和他吵过嘛！"③ 毛泽东还直接指出了苏联这些做法的大国沙文主义的本质。他说："我这些话很不好听，你们可以说我是民族主义，又出现了第二个铁托。如果你们这样说，我就可以说，你们把俄国的民族主义扩大到中国的海岸。"④ 毛泽东当着尤金的面，这一番长篇大论，锋芒毕露，把反对大国沙文主义的原则阐述得淋漓尽致，是维护国家主权、坚持独立自主精神的精彩演说。经过毛泽东的这一番斗争，苏联赫鲁晓夫不得不特地来北京周旋，收起了侵犯中国主权的打算。事实证明，潜艇舰队、长波电台由于后来苏联撕毁合同，都是由我国自己的力量建设而成的。

1958年8月23日，为了阻止美国利用台湾搞"两个中国"的阴谋，中国人民解放军开始了炮击金门、马祖海岛的行动。赫鲁晓夫表面表示支持，实际上耿耿于怀，后来对中国人大加申斥，"不要去试验资本主义制度的稳固性"；离开中国后，说中国人是"好斗的公鸡"。⑤ 主要的原因就是中国维护自己主权的行动不符合赫鲁晓夫搞美

① 《毛泽东外交文选》，中央文献出版社1994年版，第323页。

② 同上书，第328—329页。

③ 同上书，第331页。

④ 同上书，第328页。

⑤ 谢益显：《折冲与共处》，河南人民出版社1990年版，第135页。

苏合作主宰世界的打算。

1959 年 6 月 20 日，苏联赫鲁晓夫为了讨好美国突然单方面撕毁中苏核技术合作的协议，中断向中国提供原子弹样品和有关技术材料；9 月 9 日，苏联塔斯社又针对中印边界第一次冲突，不顾中国政府劝告，公开发表声明批评中国，偏袒印度，在全世界面前公开暴露不支持中国的立场；9 月 12 日，苏联又与印度签订协议，向印度提供 15 亿卢布的巨额贷款；9 月底，赫鲁晓夫访美归来，路过中国，根据他与美国总统会谈的所谓"戴维营精神"，又向中国施加压力，在涉及台湾和中印边界的领土完整和主权独立的问题上，企图迫使中国对美国让步。这理所当然地遭到了中国领导人的驳斥。

1959 年 12 月，针对苏联领导人一系列的表现，毛泽东总结了中苏关系近期发生的事情，十分疑虑："修正主义是否已经成了系统，是否就是这样坚决干下去？可能是这样；可能还可以改变。"① "中苏八月会谈，共同舰队和 70% 投资建立电台事件，我们抵制了这个进攻。金门打炮事件，吓坏了我们的朋友。1959 年，西藏事件，中印边界事件，九月两党交换文件，十月北京会谈，抵制了朋友的谬论。""这些自由主义，还有大国主义，总有一天走向反面。"② 在一次谈话提纲里，他又写道："（一）父子关系；（二）不愿学生超过先生；（三）留一手；（四）搞颠覆活动。"③ 这些事件表明，中苏分歧已经超出了意识形态领域，扩展到国家的现实利益上来了。

赫鲁晓夫从大国沙文主义立场出发，不断加大了对中国共产党的压力，中国共产党则作了越来越坚决的斗争。1960 年 6 月下旬，在布加勒斯特由 12 个共产党和工人党参加的会议上，赫鲁晓夫对中国的内政外交进行了激烈的攻击。彭真为首的中国代表团则根据中央指示，针锋相对地指责了赫鲁晓夫破坏两党确定的协商解决问题的原则。7 月 16 日，苏联突然单方面宣布将在华担任主要任务的 1390 位苏联专

---

① 《建国以来毛泽东文稿》第 8 册，中央文献出版社 1993 年版，第 599 页。
② 同上书，第 600—602 页。
③ 同上书，第 604 页。

家全部撤回。同时，撕毁 12 项政府间协定，撕毁 343 个专家合同，废除 257 个科学技术合作项目。9 月，邓小平在中苏两党的会谈中，指出了苏方的行为造成两国不可弥合的创伤。邓小平说："中国共产党永远不会接受父子党父子国的关系。你们撤退专家使我们受到了损失，给我们造成了困难。中国人民准备吞下这个损失，决心用自己双手的劳动来弥补这个损失，建设自己的国家。"①

1961 年 10 月的苏共二十二大，赫鲁晓夫在大会报告中公开指名批判阿尔巴尼亚劳动党，同时影射中共。中国代表团周恩来为此与赫鲁晓夫进行了长达 9 个小时的谈话，苏方根本不接受中方的意见。周恩来留下彭真继续听会，自己提前回国。这就出现了 10 月 24 日周恩来到达首都机场，毛泽东、刘少奇、朱德、邓小平到机场迎接的著名的历史画面。

1963 年 7 月 14 日，正当中国代表团在莫斯科与苏共代表团谈判之时，苏共中央突然公开发表《给苏联各级党组织和全体共产党员的公开信》，指名道姓攻击毛泽东和中国共产党，逐条批驳中共中央给苏共中央的内部复信。这是赫鲁晓夫在与美英谈判之前，为了向美国示好，有意挑起公开争端的一个严重步骤，这意味着公开论战已经一发而不可止了。1963 年 8 月初，毛泽东主持中共中央政治局常委会，部署对苏共中央挑起论战的回应措施。毛泽东主张："苏方已经公开论战，我们也公开论战。""矛头对准赫鲁晓夫，他是急先锋，讲话也最多，最恶劣。""评论有严肃的论辩，也有抒情的嘲讽，有中国风格和气派，刚柔相济，软硬结合，可以写得很精彩。"② 接着，中国共产党以中共中央机关刊物"人民日报编辑部、红旗杂志编辑部"的名义先后共发表了九篇评论苏共中央公开信的文章，号称"九评"。无论对这场论战的意识形态争论做出什么样的具体分析，这场论战在反对大国沙文主义和霸权主义方面的作用，无疑具有深远的历史意义，对于全世界的共产党人摆脱大国沙文主义的束缚是一次思想大解放。正

①　《中国共产党历史》第 2 卷下册，中共党史出版社 2011 年版，第 644 页。

②　吴冷西：《十年论战》下，中央文献出版社 1999 年版，第 638 页。

如新版《中国共产党历史》第二卷所说："回顾这场论战的历史，在中苏两党发生意识形态分歧之后，苏联领导人首先把两党之间的原则性争论变为国家争端，对中国施加政治上、经济上和军事上的巨大压力。这使得中国共产党不得不进行反对苏联老子党和大国沙文主义斗争。……中国共产党在国际共运和社会主义国家相互关系中，坚持各党各国的独立自主的原则，反对大党大国对其他党、其他国家的不平等做法和霸权主义，以大无畏精神顶住这方面的巨大压力，维护了国家主权、民族尊严和党的尊严。中国共产党人和中国人民为此而感到自豪。"[①]

经过这场论战，毛泽东为代表的中国共产党人敢于举起反对大国沙文主义的旗帜，敢于顶住压力和威胁，应对苏共大党主义和大国沙文主义的挑战，倡导了国际间交往的平等原则。这对于消除早已过时的苏联指挥中心，打掉苏共大党主义和大国沙文主义的威胁，起到了不可替代的作用。这一贡献为各个党、各个国家平等交往、互不干涉内部事务的新型国际交往原则奠定了坚实的基础。

毛泽东反对苏联的大国沙文主义，同时也时刻警惕本国政府在国际交往中对其他发展中国家搞大国沙文主义。早在 1961 年 10 月，毛泽东就在与尼泊尔国王会谈时指出："不能说一个国家比另一个国家高或低，我们是平等的。不平等待人是不应该的，我们称它为大国沙文主义。我们公开教育党员和人民不要犯大国沙文主义的错误。"[②] 1964 年 7 月 9 日，毛泽东在接见亚洲、非洲、大洋洲的外宾时，直率地说："如果有的中国人不尊重你们，在你们国家搞鬼，那末你们可以把这样的中国人赶走。这就是亚非拉人们团结反对帝国主义的最根本的原则。"[③] 事实一再证明，毛泽东反对大国沙文主义的态度是一贯的，是彻底的。

---

① 《中国共产党历史》第 2 卷下册，中共党史出版社 2011 年版，第 657—658 页。

② 《毛泽东外交文选》，中央文献出版社 1994 年版，第 478—479 页。

③ 同上书，第 537—538 页。

（四）坚持民族自尊，反对霸权主义

毛泽东的这一思想主张首先表现为坚决地维护国家主权和民族尊严，敢于与帝国主义侵略势力作不可调和的斗争。

在新中国成立前夕，人民解放军以摧枯拉朽之势进军南京时，住在京、沪、津、青、唐等地的美军，见势不妙，纷纷溜走。英国侵略军则很蠢，竟然不识时务，摆出老帝国主义的架势，四艘英舰擅自闯进长江，到南京去接兵，还向中国人民解放军开炮，打死打伤我解放军252人。因此，英舰遭到我解放军炮击，其中紫石英号舰被击伤，停泊于镇江附近江面，三个多月后仓皇逃离长江。当时的英国首相竟然宣称，英舰有权开进长江。毛泽东在代中国人民解放军总部发言人起草的声明中宣布："长江是中国的内河，你们英国人有什么权利将军舰开进来？没有这种权利。中国的领土主权，中国人民必须保卫，绝对不允许外国政府来侵犯。"① 这是外国侵略者和老霸权主义国家在中国人民解放军面前吃的第一次闭门羹。英帝国的霸权主义老习惯，在具有民族自尊的新中国面前，该改一改了。

1949年6月，在为建立新中国而召集的政治协商会议上，毛泽东就明确提出独立自主，反对帝国主义干涉的基本对外方针。他说："中国必须独立，中国必须解放，中国的事情必须由中国人民自己作主张，自己来处理，不容许任何帝国主义国家再有一丝一毫的干涉。"②

新中国的成立，标志着美国出钱出枪、帮助蒋介石打内战的历史性错误已有历史结论。但是美国政府并不悔悟，反而变本加厉地执行反华政策，推行霸权主义。美国政府坚持不承认中华人民共和国的合法地位，不与中华人民共和国建立外交关系。1949年6月，中共领导

① 《毛泽东选集》第4卷，人民出版社1991年版，第1460页。

② 同上书，第1465页。

人曾经邀请司徒雷登去北平进行一定的接触，但美国政府艾奇逊却严令司徒雷登"在任何情况下都不得访问北平"①。6月27日，美国总统杜鲁门公开声明动用军舰阻止中国人民解放军解放台湾。麦克阿瑟在这时提出了台湾对于美国来说是一艘"永不沉没的航空母舰"的提法。美国帝国主义的霸权主义态度只能把中国推向"一边倒"的外交路线。美国政府这种立场及其以后的麦卡锡主义横行，基本上注定了美国政府在中国的长期失策和失败。

中国人民在毛泽东为首的党中央领导下，对美国霸权主义的第一个沉重打击就是在朝鲜战场上。1950年6月25日，朝鲜内战爆发。6月27日美国总统发布了命令，直接干涉朝鲜内战，美国海空军向南朝鲜提供全面援助；第七舰队陈兵中国台湾海峡，阻止中国人民解放台湾；支援法国侵越战争并增加在菲律宾的驻军。这一战略目的就是侵朝、侵越、军事包围中国大陆。美军对北朝鲜和中国领土范围内的中朝边境城市进行了轰炸和扫射。新中国对此立即作出了反应。6月28日，毛泽东在中央人民政府第八次会议上讲话，指出："美国对亚洲的侵略，只能引起亚洲人民广泛的和坚决的反抗。杜鲁门今年一月五日还说美国不干涉台湾，现在他自己证明了那是假的，并且同时撕毁了美国关于不干涉中国内政的一切国际协议。……美国对朝鲜、菲律宾、越南等国的内政的干涉，是完全没有道理的，全中国人民的同情和全世界广大人民的同情都将站在被侵略者方面，而决不会站在美帝国主义方面。"② 6月30日，杜鲁门宣布，美国空军可以对北朝鲜特定目标采取行动，美国海军受命封锁朝鲜海岸；7月2日，美军侵朝先头部队第24师在釜山登陆；7月7日联合国安理会决议组织侵朝统一司令部，麦克阿瑟被任命为总司令；9月15日美军在仁川登陆；9月27日，美国参谋部给侵朝军司令麦克阿瑟下达了"在三八线以北的朝鲜境内采取军事行动"的命令。③ 这说明，美国军事行动的目的已经

① 《美国外交文件》（英文版）1949年，第8卷，第769页。

② 《毛泽东外交文选》，中央文献出版社1994年版，第137页。

③ 陶文钊：《中美关系史》上卷，上海人民出版社2004年版，第357页。

不局限于联合国安理会关于促请北朝鲜"将武装部队撤至三八线"的计划，而是妄图迅速占领整个朝鲜半岛，并威胁中国的东北。9月30日，政务院总理周恩来在政协会议上向美国发出警告："中国人民决不能容忍外国的侵略，也不能听任帝国主义者对自己的邻人肆行侵略而置之不理。"① 美国方面对中国和世界各方面的警告置若罔闻。美军决策部门根据中国不可能出兵的主观臆断，开始了大胆的军事冒险。中国人民解放军奉命在中朝边境立即进行集结，做好入朝作战的准备。10月1日，在美国的支持下，南朝鲜军队越过了三八线；10月7日美军也越过了三八线；10月19日，美军占领了北朝鲜首府平壤。就在这一天，中国人民志愿军根据毛泽东为代表的党中央的决策，浩浩荡荡渡过鸭绿江，开始了抗美援朝、保家卫国的伟大战争。

中国人民志愿军在装备和设备极差、没有空军掩护的情况下，毅然进入朝鲜作战。美国侵略者和国内具有恐美情绪的人当时对志愿军的行动估计都是不乐观的。但是，英勇的中国人民志愿军在朝鲜战场上的表现，很快改变了世人的看法。没有空军掩护，志愿军发明了坑道作业；没有先进的武器装备，革命军队的旺盛斗志压倒了敌人；强敌压境，人民军队什么人间奇迹都能够创造出来。毛泽东亲自领导抗美援朝的斗争，先后向志愿军总部发出260多篇长篇电报，指挥前线每一个战役，运筹中南海帷幄之中，决胜朝鲜半岛千里之外。与美军的较量，实际上是从统帅至士兵的全面较量。事后很久，毛泽东于1957年11月，在莫斯科世界共产党和工人党代表会议上，谈到了当时的战斗情景，十分风趣地总结了朝鲜战争的情况。他说："朝鲜战争。在开始的时候，美国一个师有800门炮，中国志愿军三个师才有50多门炮。但是一打就像赶鸭子一样，几个星期就把美国人赶走了几百公里，从鸭绿江赶到三八线以南去了。后来美国人集中了力量进行反攻，我们和金日成同志商量，退到了三八线相持，构筑阵地。一打，整个朝鲜战争差不多打了三年。美国的飞机像黄蜂一样，我们在第一线一架飞机也没有。双方同意讲和。在什么地点？他们说在一条丹麦

---

① 《周恩来选集》下卷，人民出版社1984年版，第37页。

的船上，我们说在开城，在我们的地方。他们说：好。因为会址在我们的地方，他们每天开会得打着白旗子来，开完会打着白旗子回去。后来，他们感到不好意思了——天天打白旗子。说改一个地方吧，改到双方战线的中间，地名叫板门店。我们说也可以。但是又谈了年把，美国人总是不甘心签字，拖。最后，在 1953 年，我们在三八线上突破了二十一公里的防线，美国人吓倒了，马上签字。那么厉害、有那么多钢的美国人，也只得如此。这个战争，实际上是三国打的，朝鲜、中国、苏联。苏联出了武器。但是敌人方面呢，有十六个国家。"①

得道多助，失道寡助，由于毛泽东为代表的中国共产党人的正确决策和中国人民志愿军的行动，不仅使中国人民动员起来，而且使全世界人民逐渐动员起来，反对美军的入侵，对中国人民反抗侵略的行动给予了极大的支持。杜鲁门总统 1950 年 11 月 30 日宣布，要用包括原子弹在内的一切武器对付朝鲜和中国人民。一向支持美国的英国有了不同意见，当时的艾德礼首相与美国总统的会谈声明，表明两国对待中国问题上存在分歧；1951 年 1 月，在联合国，美国炮制的谴责中国为"侵略者"的提案引起民族主义国家的不同看法，由 13 个亚非国家提出了另外的提案；在表决美国提案的时候，印度、缅甸投了反对票，埃及、印尼、巴基斯坦投了弃权票。1951 年 7 月 10 日，美国不得不接受苏联的提议，在开城坐下来与中朝进行停战谈判。谈判桌上美国继续表现了蛮横无理的霸权主义态度。美国提出要把军事分界线向三八线以北推移，拒绝按日内瓦协议遣返战俘，在谈判的同时发动细菌战和进攻上甘岭的战役。美国国务卿杜勒斯认为，只要在反共的旗帜下，一切都是正当的。美国总统这种霸权主义的逻辑早已是旧黄历，行不通了。1951 年 10 月，毛泽东在全国政治协商会议上指出："我们的敌人眼光短浅，他们看不到我们这种国内国际伟大团结的力量，他们看不到由外国帝国主义欺负中国人民的时代，已由中华人民共和国的成立而永远宣告结束了。……我们的敌人看不到这些，他们还想欺负中华人民共和国，他们还想称霸世界。但是，同志们，我可

---

① 《毛泽东外交文选》，中央文献出版社 1994 年版，第 293—294 页。

以断定，他们的想法是狂妄的，是徒然的，是不可能达到目的的。"①
1953年2月，毛泽东指出："要加强抗美援朝的斗争。……我们是要
和平的，但是，只要美帝国主义一天不放弃它那种蛮横无理的要求和
扩大战争的阴谋，中国人民的决心就是只有同朝鲜人民一起，一直战
斗下去。这不是因为我们好战，我们愿意立即停战，剩下的问题待将
来去解决。但美帝国主义不愿意这样做，那末好吧，就打下去，美帝
国主义愿意打多少年，我们也就准备跟它打多少年，一直打到美帝国
主义愿意罢手的时候为止，一直打到中朝人民完全胜利的时候为
止。"② 结果表明，在毛泽东领导的中国人民面前，美国不可战胜的神
话被打破了。霸权主义本质上是个纸老虎。1953年4月，美国政论家
李普曼写道：如果美国不是这样提出问题，美国还不至于"如此可
耻、堕落的丢丑、显眼"③。1953年7月27日，板门店的谈判最后签
字。抗美援朝的胜利，美国人消灭北朝鲜这个社会主义国家的企图破
产了；美国威胁中国东北的企图破灭了；美国妄图倚强凌弱的霸权主
义，在中朝人民的奋勇反抗之下失败了。

　　1989年11月，邓小平在会见坦桑尼亚客人时，对抗美援朝作了
总结性的概述。他自豪地说："中华人民共和国建立之后，困难很多，
内战刚结束，国内问题成堆，又打了一场抗美援朝的战争，实际上是
中国和美国打了一仗。美国是个庞然大物，力量对比起来，中国很弱，
特别是装备差得多。但是，正义取得了胜利，美国只得坐下来同我们
在板门店谈判。"④

　　美国推行的霸权主义又一个表现就是顽固地执行一条遏制中国的
政策，在新中国的周围构筑所谓"新月形包围圈"。中国人民反对遏
制和封锁的斗争，也是反霸斗争的重要组成部分。

　　美国遏制中国的"新月形包围圈"，是以一系列的军事同盟条约

---

① 《毛泽东外交文选》，中央文献出版社1994年版，第150—151页。

② 同上书，第156页。

③ 弗莱明：《冷战及其起源》英文版，第646页，见谢益显《折冲与共处》，河
南人民出版社1990年版，第31页。

④ 《邓小平文选》第3卷，人民出版社1993年版，第345页。

组成的。这些条约包括：1951 年 9 月 1 日《美澳新安全条约》、1951 年 9 月 8 日《日美安全条约》、1953 年 8 月 8 日《美韩共同防御协定》、1954 年 9 月 8 日《东南亚集体防务条约》、1954 年 12 月 2 日《美蒋共同防御条约》。其实，这是美国新殖民主义的特点——利用一系列的条约对世界各个地区进行控制。这个包围圈的主要目的就是阻止中国人民解放台湾，阻止中国人民解放沿海岛屿，同时加紧对中国的经济封锁和军事威胁。美国人开始想利用这个包围圈阻止中国人民解放军解放大陈岛。1955 年 1 月 24 日，美国总统艾森豪威尔曾经要求国会授权他"动用武装部队"，维护蒋介石在沿海几个岛屿的"安全"，并形成了所谓的"福摩萨决议"，其势咄咄逼人。但是曾几何时，人民解放军一举解放了一江山岛，接着解放了大陈岛。美军的第七舰队也只不过充当了帮助蒋介石军队从大陈岛撤退的角色。美国进逼中国大陆的政策不断受挫、节节败退了。接着美国又掀起了新的战争威胁。杜勒斯扬言，为了台湾海峡的"防御"，要用"微型原子弹"与中国作战。美国海军参谋长卡尔奈竟然叫嚣，要使用原子武器摧毁中国的军事潜力。这些战争叫嚣引起了美国的盟国和美国国内各阶层人士的不满，他们坚决反对在金门、马祖与中国人打仗。美国著名政论家李普曼写道："荒谬地要为金门、马祖而战的威胁，终于触发了美国人对第三次世界大战宣传的极度憎恶"，"好战集团是不成气候了"。① 新中国通过支持召开亚非国家万隆会议和推行和平外交政策，使得美国霸权主义在东方遭到失败。美国的霸权主义在这里并没有得到自己想要得到的东西。

毛泽东领导中国人民支持的另一场反对霸权主义的斗争是支持越南等印度支那三国抗美救国斗争。

1965 年 3 月美国出动地面部队 3500 人在岘港登陆，侵入越南。应越南国家领导人要求，中国人民掀起了英勇的抗美援越斗争。1965—1968 年期间，中国向越南派出支援人员 32 万人次。先后给予物质方

---

① 弗莱明：《冷战及其起源》英文版，第 717 页，见谢益显《折冲与共处》，河南人民出版社 1990 年版，第 49 页。

面的援助达 200 亿美元。毛泽东还把是否支持越南人民的抗美救国战争看作共产党人是否变质的标志。1967 年 12 月 19 日，毛泽东给越南南方民族解放阵线主席阮友寿的电报说："七亿中国人民是越南人民的坚强后盾，辽阔的中国领土是越南人民的可靠后方。在我们两国人民坚强的战斗团结面前，美帝国主义的任何军事冒险和政治欺骗是注定要失败的。"① 这不但表明了中国人民在越南抗美救国战争中的地位和作用，也表明了中国人民反对美国入侵的坚定立场和态度。

20 世纪 70 年代初，美国扩大了在印度支那的战争：1970 年 3 月美国策动了柬埔寨亲美势力发动政变，宣布废黜西哈努克亲王，并伙同南越伪军向柬埔寨进攻；1971 年 2 月美军又伙同南越伪军向老挝进攻。针对美国的霸权主义新表现，毛泽东于 1970 年 5 月 20 日发表了著名的"五·二〇声明"，题目就是《全世界人民团结起来，打败美国侵略者及其一切走狗！》。在《声明》中，毛泽东指出："美国侵略者在越南、老挝打不赢，阴谋策动朗诺—施里玛达集团的反动政变，悍然出兵柬埔寨，恢复轰炸越南北方，激起了印度支那三国人民的愤怒反抗。……中国人民坚决支持印度支那三国人民和世界各国人民反对美帝及其走狗的革命斗争。"② 1973 年的越美巴黎谈判，宣告了美国霸权主义在印度支那的彻底失败。中国人民在毛泽东一代领导人的指导下，无私援助越南抗美救国的斗争，成为反对霸权主义历史上的光辉篇章。

对于美国这种新型殖民主义的本质，毛泽东专门对其做过揭露。他说："美国说它不是帝国主义，因为它没有殖民地。这一条看起来似乎有点像，它没有殖民地，可以拿来欺骗人，但它的殖民地实际上比英国、法国要广得多，或可以称为半殖民地，如它用泛美组织来控制拉丁美洲，用北大西洋集团、中央条约组织、东南亚条约组织等军事集团来控制广大的欧洲和亚洲，现在又利用联合国组织侵略非洲，如在刚果。"③

① 《建国以来毛泽东文稿》第 12 册，中央文献出版社 1998 年版，第 459 页。

② 《毛泽东外交文选》，中央文献出版社 1994 年版，第 585 页。

③ 同上书，第 467 页。

　　毛泽东反对霸权主义的原则性是很彻底的。1954 年 12 月 11 日，中、缅两国领导人会谈，缅甸吴努总理觉得毛泽东对待兄弟国家平等可亲，情绪很高，就顺便为美国人带了个话，要求释放被我国拘捕的美国飞行员。毛泽东虽然对吴努十分友好，但却毫不含糊地否决了这一要求。毛泽东说："释放总是要释放的，但是现在不能释放。……他们犯了罪，我们不能不执行法律。……即使我们再弱，美国要把它的意志强加在我们身上也是不行的。过去我们在延安，就没有屈服过。在解放战争中，我们也曾把入侵我们地区进行间谍活动的美国人逮捕起来。不论美国多强，能产多少钢，能出多少辆汽车和多少架飞机，我们也是不会屈服于它的压迫的。对于友好的国家，我们的态度像兄弟一样。对于压迫我们的国家，只要它们一天继续如此，我们就一天也不屈服。"① 这里表达的正是毛泽东鲜明的反对霸权主义的原则性。

　　在排斥中华人民共和国在联合国合法席位问题上，美国霸权主义也做足了文章，千方百计地庇护蒋介石集团占据中国的席位，排斥中华人民共和国享有自己的合法席位。

　　毛泽东对帝国主义的封锁和敌对态度进行坚决的斗争，坚持不给帝国主义国家在中国以合法的地位。1950 年的联合国安理会上，美国以自己已经承认国民党政权为由，认定中国席位由国民党"合法"占有。同时，苏联支持中华人民共和国出席和驱逐国民党代表的提案没有通过。美帝国主义长期敌视新中国的立场激发了中国人民高昂的反对霸权主义的斗争。1949 年 1 月 19 日，毛泽东在一份文件上批示："不允许任何外国及联合国干涉中国内政。因为中国是独立国家，中国境内之事，应由中国人民及人民的政府自己解决。"② 同年 3 月 5 日，毛泽东在党的七届二中全会的报告中说："关于帝国主义对我国的承认问题，不但现在不应急于去解决，而且就是在全国胜利之后的一个相当时期内也不必急于去解决。我们是愿意按照平等原则同一切国家建立外交关系的，但是从来敌视中国人民的帝国主义，决不能很快

────────────

① 《毛泽东外交文选》，中央文献出版社 1994 年版，第 193 页。
② 同上书，第 78 页。

地就以平等的态度对待我们，只要一天它们不改变敌视的态度，我们就一天不给帝国主义国家在中国以合法的地位。"① 美国在联合国排斥中华人民共和国的行为不得人心，遭到越来越多的国家和人民反对。1954 年美国邀请印度参加马尼拉会议，印度就敢于不去参加。恢复中国在联合国的地位的提案，印度和挪威这样的国家敢于投赞成票。1956 年 9 月，毛泽东与来访的印尼总统苏加诺会谈时，谈到了中国进入联合国的问题。苏加诺说："中国必须参加联合国。如果联合国没有代表六亿人民的中国参加，就会变成了演滑稽戏的场所。"② 毛泽东则说："如果联合国里有台湾的代表，我们一万年也不进去。"③

毛泽东对霸权主义的斗争还表现在首先清理国内的帝国主义势力，做好内部的工作，不急于在形式上进入联合国。对于新中国什么时候能够进联合国，毛泽东有清醒的认识。他认为，进联合国必须有原则，进不进联合国各有利弊。

毛泽东在 1960 年 10 月 22 日与斯诺的谈话中，就说过："在联合国里，是不应该由蒋介石代表中国的，应该由我们代表，早就应该如此。但是，美国政府组织了多数国家，不让我们去。这也没有什么不好，我们并不急于进入联合国。急于要我们进联合国的是另外一些国家，当然不包括美国在内。英国现在不得不听美国的话。但是英国的本意可能就是你所说的那个，就是如果我们在联合国外无法无天，不如把我们套在联合国里守规矩好。……不进联合国，对我们有什么损失呢？没有什么损失。进联合国有多少好处呢？当然，有一些好处，但说有很多好处就不见得。有些国家争着要进联合国，我们不甚了解这种情绪。我们的国家就是一个联合国，我们的一个省就比有的国家大。"④ 他还说："不管美国人承认不承认我们，不管我们进不进联合国，世界和平的责任我们是要担负的。我们不会因为不进联合国就无法无天，像孙悟空大闹天宫那样。我们要维持世界和平，不要打世界

①　《毛泽东选集》第 4 卷，人民出版社 1991 年版，第 1435 页。

②　《毛泽东外交文选》，中央文献出版社 1994 年版，第 264 页。

③　同上书，第 268 页。

④　同上书，第 451 页。

大战。我们主张国与国之间不要用战争来解决问题。"① 毛泽东的本意是：新中国无论是否进入联合国也会负起维护世界和平的责任，不会像西方宣传的那样。不过在美国推行霸权主义的时候，谁不听美国的话，就把谁妖魔化为造反的"侵略者"之类。对此，毛泽东只是付之一笑。

在国际政治格局发生变化，尼克松总统迫切谋取与中国缓和关系的时候，仍然十分卖力地企图打中国牌，阻挡中国进入联合国。这次，美国人输得最惨。

1971 年 10 月 25 日，联合国大会第 26 届会议以压倒多数的票数，通过了阿尔巴尼亚等 23 国提案，恢复中华人民共和国在联合国的一切合法权利，立即驱逐蒋介石集团的代表。这是 22 年来，美国顽固坚持排斥我国进入联合国和制造"两个中国"的阴谋的破产。当时《人民日报》社论对此评论说："这次联大表决的结果，也反映了美帝国主义在联合国内把它的意志强加给别人的蛮横做法，遭到了越来越多国家的抵制和反对。一两个超级大国想要操纵和垄断联合国，是越来越困难了。""连美国通讯社也说，'这是美国自联合国成立以来遭到的最惨重的失败'。"② 这正如毛泽东所总结的帝国主义的规律：捣乱，失败，再捣乱，再失败，直至灭亡。这就是霸权主义的逻辑，他们是不会轻易地改变这个逻辑的。

毛泽东领导的中国人民反对霸权主义的历史，已经成为中国人民的光荣传统。

在新时期，当美国霸权主义在中国参与制造 1989 年的政治风波、掀动动乱，失败之后又要制裁中国的时候，激起了邓小平反对霸权主义的精神。1989 年 11 月，邓小平在会见坦桑尼亚革命党主席尼雷尔时说："霸权主义过去是讲美苏两家，现在西方七国首脑会议也是霸权主义、强权政治。中国平息暴乱后，七国首脑发表宣言制裁中国，他们有什么资格！谁给他们的权力！……他们那一套人权、自由、民

---

①　《毛泽东外交文选》，中央文献出版社 1994 年版，第 453 页。

②　《历史潮流不可抗拒》，载《人民日报》1971 年 10 月 28 日。

主，是维护恃强凌弱的强国、富国的利益，维护霸权主义者、强权主义者利益的。我们从来就不听那一套，你们也是不听那一套的。"① 在1990 年，邓小平会见泰国外宾的时候指出："我是一个中国人，懂得外国侵略中国的历史。当我听到西方七国首脑会议决定要制裁中国，马上就联想到一九〇〇年八国联军侵略中国的历史。七国中除加拿大外，其他六国再加上沙俄和奥地利就是当年组织联军的八个国家。要懂得些中国历史，这是中国发展的一个精神动力。"②

（五）以苏为鉴，自主探索中国式的社会主义道路

毛泽东的独立自主的精神还表现在根据中国的实际情况，不照搬外国的经验和模式，有分析地科学对待外国的经验，独立自主地探索一条符合中国实际情况的社会主义道路。

新中国进入社会主义道路的时候，世界上只有苏联一家建设社会主义的经验。苏联模式在当时是唯一可供借鉴的社会主义模式。各个社会主义国家的社会主义建设到底应该怎么搞，其他新产生的社会主义国家，也没有这方面现成的经验。这是需要通过实践来探索的问题。在这方面，毛泽东坚持对苏联的经验和苏联模式做实事求是的分析，注意学习和吸收苏联模式中那些体现科学社会主义原则的部分，扬弃那些只符合苏联的情况而不符合中国情况的部分，防止学习那些错误的东西。

1956 年 12 月 8 日，在与工商联代表的座谈会上，毛泽东就说过："我们信仰马列主义，把马列主义普遍真理同我们中国实际情况相结合，不是硬搬苏联的经验。硬搬苏联经验是错误的。我们对资本主义工商业的改造和农业的合作化是跟苏联不同的。"③ 这种自主探索中国

---

① 《邓小平文选》第 3 卷，人民出版社 1993 年版，第 345 页。
② 同上书，第 358 页。
③ 《毛泽东外交文选》，中央文献出版社 1994 年版，第 279 页。

式社会主义道路的理论与实践，在这一过程中取得的巨大成就，成为中国独创性理论和宝贵的实践经验，为中国在新时期开创中国特色社会主义道路提供了宝贵经验、理论准备、物质基础。

首先中国走上社会主义道路的起点就具有鲜明的中国特点。中国农业的社会主义改造，中国个体工商业的社会主义改造，中国对民族资产阶级的赎买政策，都是在国际共产主义运动史上富于独创性的探索。由于科学地对待苏联的经验和模式，中国走上社会主义道路的步伐，比起苏联相应时期的做法更加稳健。在苏联模式中，凡是属于科学社会主义的基本原理，如社会主义道路、公有制的建立、党的领导，我国就坚定不移地坚持和贯彻；凡是属于适合苏联一国情况的具体做法或者在实践中被证明不准确的做法，我国就不照搬。即使是属于科学社会主义的内容，我国也根据我国的实际情况，创造出适合我国的具体的做法。

在毛泽东思想的指导下，我国对于资本主义工商业，创造了委托加工、计划订货、统购包销、委托经销代销、公私合营、全行业公私合营等一系列从低级到高级的国家资本主义的过渡形式，最后实现了马克思和列宁曾经设想过的对资产阶级的和平赎买。结果，资本家敲锣打鼓、喜气洋洋地把接受社会主义改造的大红喜报送到了党中央和毛泽东面前。

在毛泽东思想的指导下，我国对于个体农业，遵循自愿互利、典型示范和国家帮助的原则，创造了从临时互助组和常年互助组发展到半社会主义性质的初级农业生产合作社，再发展到社会主义性质的高级农业生产合作社的过渡。广大农民平稳地走上社会主义道路，极大地推动了农村的现代化进展步伐。

在毛泽东思想的指导下，我国对于个体手工业的改造，也采取了类似的方法。手工业的集中生产和经营，日后成为许多大企业发展起步的基础。

在社会主义改造过程中，国家资本主义经济和合作经济表现了明显的优越性。到1956年，全国绝大部分地区基本上完成了对生产资料私有制的社会主义改造。这项工作虽然在细节上也有缺点和偏差，但整个说来，在一个几亿人口的大国中，比较顺利地实现了如此复杂、困难和深刻的社会变革，促进了工农业和整个国民经济的发展，这的确是伟大的历史性的胜利。①这样既完成了科学社会主义变革的要求，又防止了在苏联曾经发生过的社会动荡和试验中的曲折。这是独立自主地运用马克思列宁主义，独创性地探索社会主义在中国实现的具体道路问题的成功实践。

毛泽东对第一个社会主义国家苏联的经验采取了有分析的科学态度，这也是独立自主精神的体现。这使得中国的社会主义道路避免了许多弯路。在毛泽东一系列光辉著作中，《论十大关系》就是一篇精彩的中国特色的社会主义建设道路的理论和实践的总结。

1956年4月25日，毛泽东和政治局在听取了34个政府部门工作汇报之后，阐述了正确处理社会主义建设中十个关系的问题。在阐述这些关系时，毛泽东事事与苏联做法相比较，显示了以苏为鉴、独立探索符合中国实际情况的社会主义道路的思想。

在《论十大关系》中，开宗明义提出了以苏为鉴："特别值得注意的是，最近苏联方面暴露了他们在建设社会主义过程中的一些缺点和错误，他们走过的弯路，你还想走？过去我们就是鉴于他们的经验教训，少走了一些弯路，现在当然更要引以为戒。"②

接着毛泽东在社会主义建设的每一个重大关系方面都把我国独创性的做法与苏联的做法做了比较和分析。

在"重工业和轻工业、农业的关系"方面，毛泽东指出："我们比苏联和一些东欧国家做得好些。像苏联的粮食产量长期达不到革命前最高水平的问题，像一些东欧国家由于轻重工业发展太不平衡而产生的严重问题，我们这里是不存在的。他们片面地注重重工业，忽视农业和轻工业，因而市场上的货物不够，货币不稳定。"③

在"国家、生产单位和生产者个人的关系"方面，毛泽东指出：

① 这部分论述，参见《十一届三中全会以来重要文献选读》上册，人民出版社1987年版，第306—307页。

② 《毛泽东文集》第7卷，人民出版社1999年版，第23页。

③ 同上书，第24页。

"苏联的办法把农民挖得很苦。他们采取所谓义务交售制等项办法，把农民生产的东西拿走太多，给的代价又极低。他们这样来积累资金，使农民的生产积极性受到极大的损害。……我们对农民的政策不是苏联的那种政策，而是兼顾国家和农民的利益。我们的农业税历来比较轻。工农业品的交换，我们是采取缩小剪刀差，等价交换或者近乎等价交换的政策。我们统购农产品是按照正常价格，农民并不吃亏，而且收购的价格还逐步有所增长。我们在向农民供应工业品方面，采取薄利多销、稳定物价或适当降价的政策，在向缺粮区农民供应粮食方面，一般略有补贴。……鉴于苏联在这个问题上犯了严重错误，我们必须更多地注意处理好国家同农民的关系。"①

在"中央和地方的关系"方面，毛泽东指出："我们的国家这样大，人口这样多，情况这样复杂，有中央和地方两个积极性，比只有一个积极性好得多。我们不能像苏联那样，把什么都集中到中央，把地方卡得死死的，一点机动权也没有。"②

在"汉族和少数民族的关系"方面，毛泽东指出："我们着重反对大汉族主义。地方民族主义也要反对，但是那一般地不是重点。……在苏联，俄罗斯民族同少数民族的关系很不正常，我们应当接受这个教训。"③

在"党和非党的关系"方面，毛泽东指出："在我们国内，在抗日反蒋斗争中形成的以民族资产阶级及其知识分子为主的许多民主党派，现在还继续存在。在这一点上，我们和苏联不同。"④

在"中国和外国的关系"方面，毛泽东指出：学习一切民族和国家的长处，"但是，必须有分析有批判地学，不能盲目地学，不能一切照抄，机械搬用。他们的短处、缺点，当然不要学。对于苏联和其他社会主义国家的经验，也应当采取这样的态度。……当着学到以为了不起的时候，人家那里已经不要了，结果栽了个斤斗，像孙悟空一

---

① 《毛泽东文集》第 7 卷，人民出版社 1999 年版，第 30 页。

② 同上书，第 31 页。

③ 同上书，第 33—34 页。

④ 同上书，第 34 页。

样，翻过来了。比如，过去有人因为苏联是设电影部、文化局，我们是设文化部、电影局，就说我们犯了原则错误。他们没有料到，苏联不久也改设文化部，和我们一样。"①

在当时的情况下，学习苏联是应该的，也是必然的，但是到底怎么学，还是一个需要在理性层面和实践层面上弄清楚的问题。毛泽东在1956年4月就能够立足于中国国情，以苏联的经验为鉴戒，总结中国的新经验，体现了马克思列宁主义普遍原理与中国具体情况的结合的原则。这就为独立探索中国式的社会主义道路奠定了坚实的基础。

有人总是习惯地说，我国在50年代也经过了一段"照搬苏联模式"的阶段，这样说是不准确的。这是因为，第一，当时硬搬的内容并不是属于"苏联模式"这个概念，而是一些办事部门硬搬来的属于"规章制度"一类的东西，按照毛泽东的说法，那是些属于"繁文缛节"，属于"礼"的范围。② 比如当时公安部硬搬来的"繁文缛节"就不少："规章制度从苏联搬来了一大批，如搬苏联的警卫制度，害死人，限制了负责同志的活动，前呼后拥，不许参观，不许上馆子，不许上街买鞋。陈云同志自己煮饭，这是好事，警卫认为不得了。""建国之初，没有办法，搬苏联的，这有一部分道理，但也不是全部真理，不能认为非搬不可，没有其他办法。"③ 第二，硬搬苏联的具体做法的人不是大多数，不是中央和上层的主张。"就全党讲，犯这错误的只是小部分人，多数人并无硬搬的想法。……大批的'礼'，中央不知道，国务院不知道，部长也不一定知道。工业和教育两个部门搬得厉害。农业部门搬的也有，但是中央抓得紧，几个章程和细则都经过了中央，还批发了一些地方的经验，从实际出发，搬得少一些。农业有物也有人，工业只有物没有人。商业好像搬得少一点，计划、统计、财政、基建程序、管理制度搬得不少。基本思想是用规章制度管人。"④ 看来，50年代的这些照搬的行为，不是指根本指导思想上的

---

① 《毛泽东文集》第7卷，人民出版社1999年版，第41页。

② 《毛泽东外交文选》，中央文献出版社1994年版，第311页。

③ 同上书，第310页。

④ 同上书，第311页。

偏差，不是党中央和国务院的行为，甚至不是各大部的行为，也没有在基本做法上照搬，而是一些具体的主管部门的机关干部在管理制度和规章程序方面的行为。

尽管这样，毛泽东还是批评了这种硬搬的现象。毛泽东指出："搬，要有分析，不要硬搬，硬搬就是不独立思考，忘记了历史上教条主义的教训。教训就是理论和实践相结合的问题。……马列主义的普遍真理与中国革命具体实际相结合，这是唯物论；二者是对立的统一，也就是辩证法。为什么硬搬，就是不讲辩证法。苏联有苏联的一套办法。苏联经验是一个侧面，中国实践又是一个侧面，这是对立的统一。苏联的经验只能择其善者而从之，其不善者不从之。把苏联的经验孤立起来，不看中国实际，就不是择其善者而从之。""学习有两种方法：一种是专门模仿；一种是有独创精神，学习与独创结合。硬搬苏联的规章制度，就是缺乏独创精神。"①

毛泽东倡导学习外国经验，但是同时强调"不能缺少独创性"。党的十八大报告指出：以毛泽东为核心的党的第一代领导集体，在社会主义建设中取得了独创性理论成果和巨大成就。今日我们认识到，毛泽东的理论是独创性的理论成果，其起源于毛泽东一贯的理论独创原则和风格。

毛泽东认为，虽然各个国家和民族都有值得学习的地方，但是提出学习外国，还是需要一点勇气的。这就是科学地看待历史，坚持虚心学习，永远不要骄傲。我国有两条是叫人骄傲不起来的。"第一，我国过去是殖民地、半殖民地，不是帝国主义，历来受人欺负。工农业不发达，科学技术水平低，除了地大物博，人口众多，历史悠久，以及在文学上有部《红楼梦》等等之外，很多地方不如人家，骄傲不起来。……第二，我们的革命是后进的。虽然辛亥革命打倒皇帝比俄国早，但是那时没有共产党，那次革命也失败了。人民革命胜利是在一九四九年，比苏联的十月革命晚了三十九年。在这点上，也轮不到

---

① 《毛泽东外交文选》，中央文献出版社1994年版，第311—312页。

我们来骄傲。"① 同时，毛泽东也批评道，因为这两条缺点，"有些人做奴隶做久了，感觉事事不如人，在外国人面前伸不直腰"，"这方面要鼓点劲，要把民族自信心提高起来，把抗美援朝中提倡的'藐视美帝国主义'的精神发展起来"。②

当时，毛泽东看到，"苏联和我们不同，一、沙皇俄国是帝国主义，二、后来又有了一个十月革命。所以许多苏联人很骄傲，尾巴翘得很高"③。言外之意，这样尾巴翘得很高，会走向反面，会犯错误的。毛泽东因此要求中华民族的子孙们在这点上也要以苏为鉴，不要翘尾巴："将来我们国家富强了，我们一定还要坚持革命立场，还要谦虚谨慎，还要向人家学习，不要把尾巴翘起来。"④ 这个态度是正确的，是经得起历史考验的。富强而谦虚谨慎是具有高尚革命精神的表现；稍富而翘尾巴，则是低级趣味的表现，最终只会遭到历史的嘲笑。

毛泽东对中国式的社会主义道路的探索是全方位的。毛泽东甚至提出了台湾回归祖国可以保留其原有的社会制度的设想。

1961 年 6 月 13 日，毛泽东在与印尼总统苏加诺会谈时，谈到了台湾回归的问题和中华人民共和国进联合国的问题。毛泽东一方面坚持："只要蒋介石的代表还在联合国，我们就不进联合国。我们已经等了十一年了，再等十一年或者更久也没有关系。我们不忙于进联合国。"⑤ 当苏加诺表示在国际事务中愿意协助中国实现"一步走"式地进入联合国时，毛泽东谈到了对台湾的处理意见。他说："如果台湾归还中国，中国就可以进联合国。如果台湾不作为一个国家，没有中央政府，它归还中国，那末台湾的社会制度问题也可以留待以后谈。我们容许台湾保持原来的社会制度，等台湾人民自己来解决这个问题。"⑥ 这一思想是毛泽东独创性的构想。根据这一思想，如果台湾回

---

①　《毛泽东文集》第 7 卷，人民出版社 1999 年版，第 43 页。

②　同上。

③　同上。

④　同上书，第 44 页。

⑤　《毛泽东外交文选》，中央文献出版社 1994 年版，第 468 页。

⑥　同上书，第 469 页。

归中国，"容许台湾保留原来的社会制度"，显然成为日后邓小平明确提出"一国两制"构想的思想基础和理论准备。

　　在新的历史时期，邓小平在总结历史的时候，把贯穿毛泽东思想的最宝贵的东西概括为三条：实事求是，群众路线，独立自主。这就是毛泽东留给后人的最珍贵的精神遗产。实际上，邓小平就是靠着这些最有价值的精神遗产，开创了中国特色社会主义。

（六）革命不能输出，立脚点必须放在自己力量的基础上

　　1945 年 8 月 13 日，在日本投降的时刻，毛泽东在延安干部会议上就发表了演讲，指出"我们的方针要放在什么基点上？放在自己力量的基点上，叫做自力更生。我们并不孤立，全世界一切反对帝国主义的国家和人民都是我们的朋友"①。在建设社会主义的探索中，毛泽东进一步明确地提出了自力更生为主，争取外援为辅的方针。1956 年 8 月 29 日，毛泽东在筹备八大的文件上批示："中国的革命和中国的建设，都是依靠发挥中国人民自己的力量为主，以争取外国援助为辅，这一点也要弄清楚。那种丧失信心，以为自己什么也不行，决定中国命运的不是中国人自己，因而一切依赖外国的援助，这种思想是完全错误的。"②

　　在新中国成立之初，毛泽东对于中国人民建设自己国家的信心十分坚定。但是这并不能与尽量争取外援的努力对立起来。他为了促成中苏友好条约的签订，与斯大林在莫斯科周旋了几个月的时间，终于促成了斯大林对新中国援助的成功，签订了中苏友好互助合作条约，最终答应帮助建设 156 个大型项目。

　　1958 年 6 月 17 日，毛泽东在一份文件的批语里重新强调"把立

---

① 《毛泽东选集》第 4 卷，人民出版社 1991 年版，第 1132 页。
② 《毛泽东外交文选》，中央文献出版社 1994 年版，第 245 页。

脚点放在自己力量的基础上"的重要观点。他写道："自力更生为主，争取外援为辅，破除迷信，独立自主地干工业、干农业、干技术革命和文化革命，打倒奴隶思想，埋葬教条主义，认真学习外国的好经验，也一定研究外国的坏经验——引以为戒，这就是我们的路线。"①

在革命战争年代，中国共产党人历来是不相信革命输出论的，一贯地靠自己的力量干起来。我们坚持马列主义的普遍真理，但是并不希望外国向中国输出革命。当年苏联只是借一个教条主义者王明，向中国输出了一条错误的路线，给中国革命造成了巨大的损失。中国人民对此是有痛感的。

新中国建立之后，我们国家明确地坚持革命不能输出的主张。

1954 年 12 月 11 日，毛泽东在与缅甸总理吴努关于和平共处五项原则的谈话中，正式谈到了如何对待革命输出论。毛泽东说："一个国家靠外国的帮助，靠别国的党的帮助，而取得革命的胜利，在历史上是很少见的。东欧各国，是因为苏联军队同纳粹德国作战时占领了这些国家，不然的话，靠外国的帮助，靠外国输出革命，而取得胜利是不可能的。我们就是在这个意义上说，革命不能输出。但这并不是说，一个国家的革命不受外国的影响。像缅甸、印度、印尼、巴基斯坦和锡兰这几个国家的独立，也不是完全不受外国影响的。但是缅甸的独立，并不是由于任何外国在人力、物力、财力方面的帮助而取得的。"② 接着，从"革命不能输出"这一原理出发，毛泽东具体地阐述了新中国执政党对于缅甸总理担心的事务的处理政策和做法，使得缅甸总理吴努彻底了解了新中国的外交政策，建立了对新中国的信任和友好关系。毛泽东说："我们决不会在云南边境组织军队打进缅甸，并且由姚仲明大使在缅甸内部策动。姚大使决不会干这种事，如果他干这种事，我们一定马上撤他的职。在缅甸的华侨中也有激烈分子，我们劝他们不要干涉缅甸的内政。我们教育他们服从侨居国的法律，不要跟以武装反对缅甸政府的政党取得联系。我们在华侨中不组织共

---

① 《毛泽东外交文选》，中央文献出版社 1994 年版，第 318 页。

② 同上书，第 189 页。

产党，已有的支部已经解散。我们在印尼和新加坡也是这样做的。"①
这位缅甸总理也很信任毛泽东。吴努听了毛泽东的一番话语，感慨地
说："坦率地说，过去我们是不敢有什么话就讲出来的，怕的是我们
被误会是英国、美国的走狗，怕的是反对我们的党正是这样向你们报
告的。不过现在我们互相见面以后，互相进行了讨论和有了了解以后，
我们就不再怕有话直说了。这是我这次访问所取得的最大成就
之一。"②

1955 年 12 月 21 日，毛泽东在同泰国代表庵蓬谈话中，明确表示：
"我们也不在你们国家讲共产主义，我们只讲和平共处，讲友好，讲
做生意。我们不挑起人家来反对他的政府。吴努总理害怕我们挑起缅
甸共产党来反对吴努政府，我们说，我们只承认你们一个政府，一个
国家不能同时有两个政府。你们国内也有共产党，我们也不去挑起他
们来反对你们的政府。……我们国外华侨的共产党组织也取消了，以
消除华侨所在国政府的怀疑，使大家互相信任。"③

类似的话，毛泽东对老挝的首相富马亲王也说过。1956 年 8 月 21
日，毛泽东对来访的老挝富马亲王说："我们不会干涉你们的内政，
不会在你们那儿宣传共产主义，也不会去推翻你们的政府，我们是讲
友好的。你们采取什么制度、政策和宗教，那是你们自己的事，我们
不会也不应去干涉。我们一定在五项原则的基础上支持你们，这对我
们双方都有利。"④

1960 年 5 月 17 日，毛泽东对阿尔及利亚临时政府代表团也明确
表示了依靠自己力量为主的思想。毛泽东说："你们要能保持力量，
依靠群众，坚持下去，以自己的力量为主，争取外援为辅。打仗自己
消耗不要太大，保存住主力，并每天消耗敌人一点力量。你们的十万
兵力能保持并发展，胜利就是你们的。"⑤ 毛泽东的话，没有超过三

---

① 《毛泽东外交文选》，中央文献出版社 1994 年版，第 189 页。

② 同上书，第 192 页。

③ 同上书，第 229—230 页。

④ 同上书，第 244 页。

⑤ 同上书，第 417 页。

年，阿尔及利亚革命胜利了，法国殖民主义者失败了。凡是自身的革命力量有充分条件的地方，加上正确的路线，革命就能够获得成功。

　　革命不能输出，革命成功主要靠本国的努力。这是一条正确的方针，也是尊重科学的一条基本路线。一个国家的革命能不能成功，是对这个国家的人民及其革命力量的严格检验。一个具备了革命成功条件的国家，只要依靠本国革命力量的努力，在艰苦的革命斗争中经受锻炼和考验，就能够由小到大，星火燎原，取得革命的胜利。这是对革命所具有的客观条件的检验，也是对革命党人能力和水平的一个检验。凡是在这种检验中成功的党派和国家，也能够在未来的复杂的斗争中继续获得成功。靠外部力量支持的政权和力量，总是不能长期支持的。即使能够支持相当长的时间，历史的逻辑也会再次发挥作用，索回借输出革命而得到的好处，还其本该得到的命运。

愈挫愈勇、反抗压迫的
斗争精神

　　中华民族自古以来就有一种愈挫愈勇、反抗压迫的斗争精神。哪里有压迫，哪里就有反抗，则是这一斗争精神的现代版。一旦遭受逼迫和压迫，中华民族的脊梁们就会带领中华儿女拼死奋斗，破釜沉舟、背水一战、绝处逢生。炎黄子孙相信的哲学是：置之死地而后生；生于忧患，死于安乐；不怕鬼，不信邪，不怕挫折和失败，誓为正义和社会进步而献身；这是被中华儿女自认为光荣的事情。

　　在近代，这种不畏强暴、愈挫愈勇、反抗压迫的斗争精神曾经表现为太平天国的斗争，曾经表现为义和团的英勇斗争，曾经表现为辛亥革命前后的革命斗争，后来在现代社会，也曾经表现为中国共产党人的革命斗争。为什么蒋介石对共产党人大屠杀不能灭绝革命，为什么帝国主义的干涉和封锁不能灭绝新中国，就是因为中华民族具有这种"愈挫愈勇、反抗压迫的斗争精神"，加之中国人以马列主义的先进思想来武装，再加上毛泽东这位民族英雄的领袖来领导，就无往不胜了。

　　毛泽东鼓励共产党人，越是困难的地方越是要去，这才是好同志，这就是对共产党人这种奋斗精神的信任。中华人民共和国国歌的主旋律，弘扬的也是这样一种"愈挫愈勇、反抗压迫的斗争精神"："中华民族到了最危险的时候，每个人被迫着发出最后的吼声。起来！起来！起来！我们万众一心，冒着敌人的炮火，前进！"无论在革命和建设时期，这种民族精神都支撑着炎黄子孙的灵魂。

（一）在困难面前，我们中国人是有骨气的

中华民族之所以在绵延五千年的历史上生生不息、百折不挠，就是具有在压力和困难面前，为了国家和民族的大义，敢于斗争、敢于牺牲的硬骨头精神。

美帝国主义在中国帮助蒋介石打内战失败之后，对即将诞生的新中国，在政治上采取了不承认的政策，在经济上采取封锁的政策，在文化上妄图欺骗那些民主个人主义者继续为其服务。特别是想通过封锁政策，造成失业、通货膨胀、饥荒，以加剧刚刚摆脱战争创伤的新中国的经济困难。对此，毛泽东以大无畏的斗争精神宣布："多少一点困难怕什么。封锁吧，封锁十年八年，中国的一切问题都解决了。中国人死都不怕，还怕困难吗？老子说过：'民不畏死，奈何以死惧之。'美帝国主义及其走狗蒋介石反动派，对于我们，不但'以死惧之'，而且实行叫我们死。闻一多等人之外，还在过去的三年内，用美国的卡宾枪、机关枪、迫击炮、火箭炮、榴弹炮、坦克和飞机炸弹，杀死了数百万中国人。现在这种情况已近尾声了，他们打了败仗了，不是他们杀过来而是我们杀过去了，他们快要完蛋了。留给我们多少一点困难，封锁、失业、灾荒、通货膨胀、物价上升之类，确实是困难，但是比起过去三年来已经松了一口气了。过去三年的一关也闯过了，难道不能克服现在这点困难吗？没有美国就不能活命吗？"① 毛泽东的话真的说准了，中国人民通过自身的努力，不但解决了外国人认为解决不了的几亿人吃饭问题，还解决了发

---

① 《毛泽东选集》第4卷，人民出版社1991年版，第1496页。

展的问题，高科技的问题，还要逐步走到世界的前列，显示社会主义制度的优势。

1960年，毛泽东在对斯诺的谈话中，回顾了美国对中国封锁的实际作用。毛泽东说："他们（指美国——作者注）对我们进行经济封锁，就和国民党那时对我们的经济封锁一样。……很感谢国民党对我们的经济封锁……从1940年开始就实行封锁。我们要感谢他们，是他们使我们自己搞生产，不依赖他们。现在美国也对我们实行封锁，这个封锁对我们有益处。"①

毛泽东这个思想，以及毛泽东领导中国人民坚持民族骨气的努力，深深印在邓小平的脑子里。1989年10月，邓小平在会见泰国总理差猜时，几乎说出了与毛泽东同样的话语，思想如出一辙。邓小平说："世界上最不怕孤立、最不怕封锁、最不怕制裁的就是中国。建国以后，我们处于被孤立、被封锁、被制裁的地位有几十年之久。但归根结底，没有损害我们多少。……外国的侵略、威胁，会激发起中国人民团结、爱国、爱社会主义、爱共产党的热情，同时也使我们更清醒。所以，外国的侵略、威胁这一套，在我们看来并不高明，而且使我们可以从中得到益处。事实表明，那些要制裁我们的人也开始在总结经验了。总之，中国人民不怕孤立，不信邪。"② 邓小平还强调，在中国，谁不这样做就要垮台，就不会得到中国人民的原谅。邓小平说："要中国来乞求，办不到。哪怕拖一百年，中国人也不会乞求取消制裁。如果中国不尊重自己，中国就站不住，国格没有了，关系太大了。中国任何一个领导人在这个问题上犯了错误都会垮台的，中国人民不会原谅的。这是我讲的真话。"③

中国人民愈挫愈勇、不怕困难的骨气，在毛泽东的领导和激发下，产生了自力更生、奋发图强、克服困难建设社会主义的积极性。两弹一星精神、大庆精神和大寨精神就是这种背景下的产物。1958年毛泽

---

① 《毛泽东外交文选》，中央文献出版社1994年版，第451页。
② 《邓小平文选》第3卷，人民出版社1993年版，第329页。
③ 同上书，第332页。

>>>

东与苏联驻华大使尤金的那次著名谈话，就曾经表达过这样的思想："你们不给援助，可以迫使我们自己努力。满足一切要求，反而对我们不利。"① 事物发展的辩证法就是这样。苏联大国沙文主义向中国施加的压力，常常转化成新中国发展的动力。

　　"两弹一星"精神 20世纪五六十年代的国际形势十分严峻。帝国主义的武力威胁和核威胁日益加重，大国沙文主义撕毁合同、撤专家，又雪上加霜，加重了国家承受的压力。在这种情况下，毛泽东为首的党中央作出了研制"两弹一星"战略决策。毛泽东在1956年《论十大关系》中首先提出："我们现在已经比过去强，以后还要比现在强，不但要有更多的飞机和大炮，而且还要有原子弹。在今天的世界上，我们要不受人家欺负，就不能没有这个东西。"② 在钱学森等一批科学家的指导下，当年设立了相关机构开始研制。1958年5月17日，毛泽东在党的八大二次会议上又提出"我们也要搞一点卫星"③。本来，苏联与中国关系友好时期曾经答应在火箭、航空技术、原子弹研制方面提供一些技术援助。在苏联妄图干涉我国主权、中苏关系实际上恶化以后，苏联于1960年7月16日撤回了所有专家，使得处于起步状态的尖端科技研究处于被迫下马的状态。苏联大国沙文主义还对我国进行核打击的叫嚣。毛泽东坚决表示尖端科技研究不能放松或下马，"要大力协同做好这项工作"。这就形成了26个部委、20个省市、1000多个单位大协同的局面，显示了社会主义的优势。一大批科学技术人员，在戈壁荒滩基地，风餐露宿，披星戴月，隐姓埋名，默默奉献，显示了一代科学工作者的骨气和牺牲精神。1964年第一颗原子弹爆炸成功，达到了新的水平，有力地打破了超级大国的核垄断和核讹诈。仅仅过了三年的时间，我国的氢弹研制突破了关键技术，于1967年6月17日，爆炸了第一颗氢弹。1970年4月24日"东方红一号"卫星进入轨道，为我国的航天技术打下坚实的基础。"两弹一星"

---

　　① 《毛泽东外交文选》，中央文献出版社1994年版，第330页。
　　② 《毛泽东文集》第7卷，人民出版社1999年版，第27页。
　　③ 中共中央党史研究室：《中国共产党历史》第2卷，中共党史出版社2012年版，第682页。

的成功具有重大的国际政治意义。邓小平后来说："如果六十年代以来中国没有原子弹、氢弹，没有发射卫星，中国就不能叫有重要影响的大国，就没有现在这样的国际地位。这些东西反映一个民族的能力，也是一个民族、一个国家兴旺发达的标志。"① 这话说得很有道理。

"两弹一星"精神显然是帝国主义和大国沙文主义逼出来的。

毛泽东深谙唯物辩证法，历来十分重视反面教员的作用。美帝国主义和蒋介石都曾经充当过这样的反面教员。毛泽东信奉的是：有压迫，就有反抗。只要帝国主义施加压迫，就会教育人们团结起来把他们打倒。"帝国主义，不管是日本帝国主义、美帝国主义或其他帝国主义，都是可以打倒的。"美帝国主义对中国的封锁和军事威胁、苏联大国沙文主义对中国的干涉和军事威胁，促进了中国人民团结起来，尽快搞出了"两弹一星"。1999 年 9 月 18 日，中共中央、国务院、中央军委在表彰 23 位"两弹一星"功臣的文件里，对"两弹一星"精神也做了概括和总结。这就是："热爱祖国、无私奉献、自力更生、艰苦奋斗、大力协同、勇于攀登"的"两弹一星"精神。② "两弹一星"精神反映了毛泽东的民族精神和气概。

大庆精神　20 世纪 60 年代初，这是我国遇到三年自然灾害、国内能源资源严重短缺、国家极端困难的时期。在这种情况下，大庆石油工人为打破帝国主义的封锁、甩掉中国贫油的帽子、加速中国工业的发展作出了卓越贡献。在大庆的勘探、开发和建设过程中，大庆工人冒着零下四十度的严寒，克服运输和施工设备缺乏的困难，忍饥受冻、土法上马、人拉肩扛，搬得动 60 多吨重的设备，立得起 40 米高的井架，11 个月突破钻井进尺 10 万米，达到世界最高纪录，3 年建成了我国第一个世界一流的大油田。1964 年年初，毛泽东发出工业学大庆的号召。2 月 5 日，中共中央发出文件号召全国工业交通战线开展学大庆活动。1964 年 12 月，周恩来在第三届人大一次会议上的《政

---

① 《邓小平文选》第 3 卷，人民出版社 1993 年版，第 279 页。

② 中共中央党史研究室：《中国共产党历史》第 2 卷，中共党史出版社 2012 年版，第 684 页。

府工作报告》里，三次提到大庆，肯定大庆工人以毛泽东的《实践论》《矛盾论》起家的基本经验，号召全国向他们学习。

大庆精神见于 1964 年 4 月 20 日第一篇报道，也见于 2012 年出版的《中国共产党历史》第二卷。大庆精神就是"宁肯少活 20 年，拼命也要拿下大油田"的牺牲精神；独立自主、自力更生、艰苦创业的精神；最本质的就是：被帝国主义的封锁和苏联赫鲁晓夫集团制造的严峻的困难逼出来的，它是在毛泽东教导下产生的不怕鬼、不信邪、自立于世界的民族骨气。

大寨精神 大寨闻名世界。这个处于海拔 1000 米的山村，面对着"七沟八梁一面坡"的贫瘠土地，在以陈永贵为书记的党支部带领下，靠自己勤劳的双手，改造自然环境，筑坝 180 条、长达 15 里，把 300 多亩坡地改造成水平梯田，修整了分散的地块，增加了 80 多亩好地。"1962 年，在全国大灾和严重困难的年景下，大寨粮食亩产达到 774 斤，高出同县平均产量 530 斤，一亩地等于别人的三亩半。这是大寨农民创造的奇迹。在浩大的治沟工程中，大寨人没向国家要一分钱，完全凭借自己的双手，苦干、实干、拼命干，终于实现了丰收的夙愿。"① 1963 年 8 月，当特大洪水把大寨人经过辛勤劳动改造的田地毁为废墟的时候，大寨人提出：自力更生解决困难，不要国家的救济粮、救济款、救济物资，并做到社员口粮不少、劳动日分配不少、卖给国家的粮食不少。1964 年 2 月 10 日，大寨的事迹的通讯报道见诸《人民日报》，标题是《大寨之路》，《人民日报》配发的社论标题是《用革命精神建设山区的好榜样》。毛泽东是 1964 年 3 月 28 日第一次听到陈永贵这个名字的。② 在听取山西省委的介绍时，他赞赏和肯定了大寨人的艰苦奋斗精神。不久，向全国发出了学习大寨的号召。1964 年12 月周恩来在第三届人大一次会议上的《政府工作报告》里，发出农业学大寨的号召。大寨精神被概括为："政治挂帅、思想领先的原则，

---

① 中共中央党史研究室：《中国共产党历史》第 2 卷，中共党史出版社 2012 年版，第 694—695 页。

② 逄先知、金冲及主编：《毛泽东传（1949—1976）》，中央文献出版社 2003 年版，第 1340 页。

自力更生、艰苦奋斗的精神，爱国家爱集体的共产主义风格。"① 《人民日报》的通讯报道把大寨的精神概括为："艰苦奋斗、奋发图强、自力更生勤俭创业的革命精神。"它就是一种在困难时期，为国家解除困难、担当责任，体现社会主义制度优势的自力更生、艰苦奋斗的精神。

（二）中华民族有与自己的敌人血战到底的气概

毛泽东为代表的中国人民，在长期的追求民族独立、民族解放的事业中，在长达 28 年的长期残酷的革命战争中，形成了一种团结奋斗、敢于斗争、不怕牺牲，敢于与敌人血战到底的气概。

首先，在毛泽东留下的诗词里，这种与自己的敌人血战到底的气概就表现得十分清晰。这些诗词，由于字斟句酌，精心推敲，也可能会比多少长篇大论更加准确和生动地体现了毛泽东的民族精神。

毛泽东在青少年时期就有蔑视反动派，敢于与反动派斗争的精神。1925 年他写的《沁园春·长沙》中就有这样的表达："指点江山，激扬文字，粪土当年万户侯。"

在蒋介石背叛革命、对革命党人进行血腥大屠杀的年代，以毛泽东为代表的中国共产党人不得不进行武装斗争。他领导的井冈山根据地坚如金瓯，敢拼敢胜。1928 年秋他写的《西江月·井冈山》就有这样的精神表现："敌军围困万千重，我自岿然不动。早已森严壁垒，更加众志成城。"1930 年 7 月写的《蝶恋花·从汀州向长沙》也有同样的精神："百万工农齐踊跃，席卷江西直捣湘和鄂。国际悲歌歌一曲，狂飙为我从天落。"1931 年春他写的《渔家傲·反第一次大"围剿"》中更是体现了这种革命斗争的气势："唤起工农千百万，同心干，不周山下红旗乱。"1931 年夏，他写的《渔家傲·反第二次大

"围剿"》中也体现了这种精神："横扫千军如卷席。有人泣，为营步步嗟何及！"这种与蒋介石的反革命围剿决一死战的英雄气概，气贯长虹。

在长征路上，他意志坚定，斗志兴旺，胸襟豪放。1935年2月，他写的《忆秦娥·娄山关》就是这样信心百倍。他写道："雄关漫道真如铁，而今迈步从头越。"1935年10月，他在《七律·长征》中又写道："红军不怕远征难，万水千山只等闲。"同月，他又在《清平乐·六盘山》中写道："不到长城非好汉，屈指行程二万。""今日长缨在手，何时缚住苍龙？"

红军到达陕北，抗日战争开始之后，他又表现了为祖国的独立自主和解放献身，与日本帝国主义决一雌雄的英雄主义精神。他在1936年2月写的《沁园春·雪》就是这样的胸怀："江山如此多娇，引无数英雄竞折腰。""数风流人物，还看今朝。"

在打倒蒋介石、解放全中国的革命战争中，毛泽东更是表达了那种改天换地的英雄气概。1949年4月，他在《七律·人民解放军占领南京》中写道："宜将胜勇追穷寇，不可沽名学霸王。天若有情天亦老，人间正道是沧桑。"即使在新中国成立后，毛泽东每每回想起当年出生入死、艰难奋斗的岁月，还是不乏那种敢于斗争的英雄精神。1959年6月27日写的《七律·到韶山》就有："红旗卷起农奴戟，黑手高悬霸主鞭。为有牺牲多壮志，敢教日月换新天。"1962年12月26日，面对当时苏联大国沙文主义的威胁和压力，毛泽东在《七律·冬云》中写道："独有英雄驱虎豹，更无豪杰怕熊罴。梅花欢喜漫天雪，冻死苍蝇未足奇。"不久，1963年1月9日，他又在《满江红·和郭沫若同志》中写道："要扫除一切害人虫，全无敌。"

毛泽东的这种与自己的敌人血战到底的气概，还表现为他那种不怕牺牲，不屈不挠的斗争精神。在严酷的革命斗争年代，他的亲属、他本人，经历了出生入死、视死如归的生活实践。这不但没有挫伤或动摇他的意志，反而越来越强化了他的理想信念。

第一次国内革命战争的大好形势被1927年蒋介石当局的"四·一二反革命政变"所毁灭。在蒋介石"宁可错杀一万，也不漏掉一个"

的政策下，白色恐怖遍于中国，多少革命者和进步人士人头落地，多少英雄儿女饮恨九泉。从此，"内战代替了团结，独裁代替了民主，黑暗的中国代替了光明的中国。但是，中国共产党和中国人民并没有被吓倒，被征服，被杀绝。他们从地下爬起来，揩干净身上的血迹，掩埋好同伴的尸首，他们又继续战斗了"①。这就是以毛泽东为代表的中国共产党人当时的精神状态。在严酷的白色恐怖和战争中，毛泽东先后失去了六位亲人。这不但不能动摇他的意志，相反，更加激发了他的彻底斗争的精神。

1930 年 11 月 10 日，毛泽东的夫人杨开慧和长子毛岸英被湖南军阀逮捕。杨开慧被捕后坚贞不屈，14 日被湖南军阀何键杀害，牺牲时年仅 29 岁。后来，毛泽东的亲属中又有毛泽覃、毛泽民、毛岸英等人被国内外反动派杀害或牺牲。

在 1936 年与斯诺的这次交谈中，毛泽东谈到了家中几位亲人的遭遇和牺牲。他说："湖南农民对我的名字很熟悉，因为国民党悬了很大的赏格不论死活要缉拿我、朱德和其他红军领导人。我家在湘潭的田地被国民党没收了。我的妻子和我的妹妹，以及我弟弟毛泽民、毛泽覃两人的妻子和我自己的儿子，都被何键逮捕。我的妻子和妹妹被杀害了。其他人后来得到释放。"②

在那个白色恐怖的年代，毛泽东本人也遭到国民党反动派的悬赏"通缉"。据斯诺所记，毛泽东本人还说到，几次差一点被反动派炸死或者捉住杀害。毛泽东与斯诺在 1936 年 10 月那次访谈中，就说到了这样一次危险的经历。毛泽东说："当我正在组织军队，奔走于汉冶萍矿工和农民武装之间的时候，我被一些国民党勾结的民团抓到了。那时候，国民党的恐怖达到顶点，数以百计的共产党嫌疑分子被枪毙。……我决定设法逃跑。但是直到离民团总部大约不到 200 米的地方，我才找到机会。我一下子挣脱出来，往田野里跑。我跑到一个高地，下面是一个水塘，周围长了很高的草，我在那里躲到日落。士兵

①　《毛泽东选集》第 3 卷，人民出版社 1991 年版，第 1036 页。
②　《毛泽东 1936 年同斯诺的谈话》，人民出版社 1979 年版，第 65 页。

们在追踪我，还强迫一些农民帮助他们搜寻。有好多次他们走得很近，有一两次我几乎可以用手接触到他们。尽管有五六次我已经放弃任何希望，认为自己一定会再次被抓住，可是不知怎么地我没有被他们发现。最后，天近黄昏了，他们放弃了搜寻。我马上翻山越岭，彻夜赶路。"①

1965 年同斯诺的谈话中也有这方面的内容。毛泽东说："多少次好像快死了，包括你说的战争中的危险，把我身边的卫士炸死，血溅到我身上，可是炸弹就是没有打到我。""好多次。在长征路上也有一次，过了大渡河，遇上飞机轰炸，把我的卫士长炸死，这次血倒没有溅到我身上。"②

毛泽东的这种出生入死、敢于与一切帝国主义和反动派进行大无畏斗争的精神，还来源于他对反面教员作用的认识：不应该被反面教员的穷凶极恶吓倒，要学习反面教员的招法，以其人之道还治其人之身。毛泽东在 1961 年 1 月 24 日接见日本社会党国会议员黑田寿男时，总结了这样的规律："中国没有民主，国民党就是捉人、杀人，什么也不给我们。……我们的出路就是学蒋介石，你们能杀人，我们为什么不能杀人？我们进行过调查研究，国民党有手，手里有刀有枪；我们也有手，但没有刀枪。如果我们能把国民党手里的刀枪夺过来，不是也可以杀帝国主义的走狗，也可以搞出点名堂来吗？"③

在抗日战争即将结束，美帝国主义帮助蒋介石打内战的迹象日益显露时，毛泽东就在延安干部会议上指出："我们要有清醒的头脑，这里包括不相信帝国主义的'好话'和不害怕帝国主义的恐吓。……帝国主义者就会吓人的那一套，殖民地有许多人也就是怕吓。他们以为所有殖民地的人都怕吓，但是不知道中国有这么一些人是不怕那一套的。"④

20 世纪 60 年代，当巴拿马人民反对美帝国主义的侵略时，毛泽

① 《毛泽东 1936 年同斯诺的谈话》，人民出版社 1979 年版，第 52—53 页。
② 《毛泽东文集》第 8 卷，人民出版社 1999 年版，第 400 页。
③ 同上书，第 246 页。
④ 《毛泽东外交文选》，中央文献出版社 1994 年版，第 52 页。

东对《人民日报》记者谈到巴拿马的斗争。毛泽东认为："美帝国主义手里的原子弹、氢弹，是吓不倒一切不愿意做奴隶的人们的。"① 毛泽东在对智利新闻工作者代表团谈话时，就再一次谈到自己为什么从当小学教员变成搞军事了。他说："我是一个知识分子，当一个小学教员，也没学过军事，怎么知道打仗呢？就是由于国民党搞白色恐怖，把工会、农会都打掉了，把五万共产党员杀了一大批，抓了一大批，我们才拿起枪来，上山打游击。"② 这就是反面教员对革命力量的激发作用。哪里有压迫，哪里就有反抗。这就是人民革命斗争最终必然胜利、一切反动派最终必然失败的内在逻辑。

（三）帝国主义和一切反动派都是纸老虎

以毛泽东为代表的中国人民的这种愈挫愈勇、反抗压迫的斗争精神，立脚点是对帝国主义和一切反动派本质的分析。在战略上藐视帝国主义和一切反动派，把他们看作纸老虎，完全是可以打败的，在这里建立战胜他们的信心；在战术上则重视敌人，把他们看作真老虎，需要认真对付，在这里建立起对一切反动派的顽强斗争精神。毛泽东关于"帝国主义和一切反动派都是纸老虎"的观点，不但成为毛泽东个人创造的名言，而且逐渐传遍了全世界，鼓舞着世界人民反对帝国主义和一切反动派的革命斗争。

毛泽东最早谈到帝国主义和一切反动派都是纸老虎的观点是在与美国记者安娜·路易斯·斯特朗的谈话。这次谈话是在 1946 年 8 月 6 日，毛泽东在延安杨家岭会见斯特朗的时候。第二次世界大战刚刚结束，国际上，美国反动派鼓吹发动反苏战争，第三次世界大战的威胁乌烟瘴气；同时，美国帮助蒋介石打内战的危险日益迫近。斯特朗首先问毛泽东："如果美国使用原子炸弹呢？"毛泽东就是从这里，提出

---

① 《毛泽东文集》第 8 卷，人民出版社 1999 年版，第 355 页。
② 《毛泽东外交文选》，中央文献出版社 1994 年版，第 530 页。

了他的著名论断。他回答说："原子弹是美国反动派用来吓人的一只纸老虎，看样子可怕，实际上并不可怕。当然，原子弹是一种大规模屠杀的武器，但是决定战争胜败的是人民，而不是一两件新式武器。"① 接着，毛泽东展开了他的观点："一切反动派都是纸老虎。看起来，反动派的样子是可怕的，但是实际上并没有什么了不起的力量。从长远的观点看问题，真正强大的力量不是属于反动派，而是属于人民。"② 毛泽东举出了大量的世界历史上的史实说明了一切反动派都是纸老虎。曾经活灵活现、气势汹汹的俄国沙皇、德国的希特勒、意大利的墨索里尼、日本帝国主义最终都成了纸老虎。最后，毛泽东集中分析了蒋介石及其支持者美国反动派。他说："蒋介石和他的支持者美国反动派也都是纸老虎。提起美国帝国主义，人们似乎觉得它是强大得不得了的，中国的反动派正在拿美国的'强大'来吓唬中国人民。但是美国反动派也将要同一切历史上的反动派一样，被证明为并没有什么力量。在美国，另有一类人是真正有力量的，这就是美国人民。"③ 毛泽东的这一观点武装了中国人民的思想，增强了中国人民战胜美、蒋反动派的信心，在解放战争中起了极其伟大的作用。

后来，毛泽东还提出，在革命的人民面前，帝国主义和一切反动派有一个从真老虎变为半真半假的老虎，最后变为假老虎、纸老虎的过程。1958 年 9 月 2 日，毛泽东在接见巴西的记者时，在谈到争取民族独立、破除对西方的迷信的时候，再次提到了帝国主义和一切反动派都是纸老虎的观点。他说："破除对西方的迷信，这是一件大事，在亚洲、非洲、拉丁美洲都要进行。在我们国家也要继续破除这种迷信。我说的是，要在战略上蔑视帝国主义，把帝国主义看成纸老虎，不算数。但是在战术上和在每件具体工作上，却要重视它们，要认真对待它们。帝国主义由真老虎变成半真半假的老虎，再变成完全的假老虎，即纸老虎，这是一个事物走向反面的转化过程，我们的任务就

---

① 《毛泽东选集》第 4 卷，人民出版社 1991 年版，第 1194—1195 页。

② 同上书，第 1195 页。

③ 同上。

是要促进这个过程。在这个过程结束之前，老虎还可能要活一个时期，还能咬人。因此，打老虎要一拳一拳地打，要讲究拳法，不能大意。"① 毛泽东还很有兴趣地提到了几个月前发生的美国副总统尼克松、美国国务卿杜勒斯在南美各国访问时，遭到各国人民群众的鸡蛋、西红柿袭击的事情。因此，尼克松在委内瑞拉的访问不得不被迫中止，提前回国。毛泽东接着发挥说："拉丁美洲人民起来了，他们不把尼克松、杜勒斯看在眼里。在他们眼里，尼克松、杜勒斯不过是纸老虎。尼克松、杜勒斯都落后了，拉丁美洲人民比他们高明得多。"②

1958 年 12 月 1 日，毛泽东在党的八届六中全会召开期间，专门写了一篇阐述帝国主义和一切反动派是不是真老虎的问题的短文。在这篇短文中，他写道："这里我想回答帝国主义及一切反动派是不是真老虎的问题。我的回答是，既是真的，又是纸的，这是一个由真变纸的过程的问题。变即转化，真老虎转化为纸老虎，走向反面。一切事物都是如此，不独社会现象而已。我在几年前已经回答了这个问题，战略上藐视它，战术上重视它，不是真老虎，为什么要重视它呢？看来还有一些人不通，我们还得做些解释工作。"③ 毛泽东接着就做了一番详细的解释："同世界上一切事物无不具有两重性（即对立统一规律）一样，帝国主义和一切反动派也具有两重性，它们是真老虎又是纸老虎。历史上奴隶主阶级、封建地主阶级和资产阶级，在它们取得统治权力以前和取得统治权力以后的一段时间内，它们是生气勃勃的，是革命者，是先进者，是真老虎。在随后的一段时间，由于它们的对立面，奴隶阶级、农民阶级和无产阶级，逐步壮大，并同他们进行斗争，越来越厉害，它们就逐步向反面转化，化为反动派，化为落后的人们，化为纸老虎，终究被或者将被人民所推翻。反动的、落后的、腐朽的阶级，在面临人民的决死斗争的时候，也还有这样的两重性。一方面，真老虎，吃人，成百万人成千万人地吃。人民斗争事业处在

---

① 《毛泽东外交文选》，中央文献出版社 1994 年版，第 339—340 页。

② 同上书，第 340 页。

③ 同上书，第 362 页。

艰难困苦的时代，出现许多弯弯曲曲的道路。中国人民为了消灭帝国主义、封建主义和官僚资本主义在中国的统治，花了一百多年时间，死了大概几千万人之多，才取得1949年的胜利。你看，这不是活老虎，铁老虎，真老虎吗？但是，它们终究转化成了纸老虎，死老虎，豆腐老虎。这是历史的事实。人们难道没有看见听见过这些吗？真是成千成万！成千成万！所以，从本质上看，从长期上看，从战略上看，必须如实地把帝国主义和一切反动派，都看成纸老虎。从这点上，建立我们的战略思想。另一方面，它们又是活的铁的真的老虎，它们会吃人的。从这点上，建立我们的策略思想和战术思想。"[1]

毛泽东不断地论证了关于促进真老虎转化为纸老虎的观点。

1959年3月8日，他在同日本社会党书记长浅沼稻次郎谈话时，说道："美国可以赶走，也应该赶走。它有什么道理把我们的土地、把你们的土地占领着呢？它所以那么猖狂，就是因为它比别人多几吨钢。美国人也是两只手，没有什么三只手。美国就是多几吨钢，但是，这是谁都可以做到的。别人怕它，以为是真老虎。说它是真老虎，我也承认，但它是要变质的，从真的变成纸的。"[2]

毛泽东还提出了"纸老虎的本质就是脱离群众"，这样一个重要论断。

1964年1月30日，毛泽东在接见法国议员团时，针对当时苏美两个大国推行霸权主义的情况，认为，成为纸老虎的原因就是脱离群众。毛泽东提到了法国、中国经过第二次世界大战，从希特勒、日本帝国主义手里解放出来了。他总结说："那时，我们说美国和蒋介石是纸老虎。我们也说，希特勒是纸老虎，他最后倒了嘛，死了嘛。现在我们说有两个大纸老虎，就是美国和苏联。我说得灵不灵将来瞧。请你们记住，我同法国议员代表团说过，它们是大纸老虎，但是不包括广大的苏联人民、广大的苏联党员和干部，他们对我们是友好的；美国人民有一部分受了欺骗，总有一天他们要同我们友好的。所谓纸老虎，

---

① 《毛泽东外交文选》，中央文献出版社1994年版，第362—363页。
② 同上书，第372—373页。

就是说美国、苏联脱离了群众。"①

　　为什么脱离群众就变成了纸老虎呢？

　　因为人民，只有人民才是创造历史的动力。脱离群众就没有真正的力量，就会变得十分愚蠢，就会变成纸老虎。毛泽东举出一个很有趣的现象，证明不可一世的美国帝国主义很蠢。在1965年1月9日，毛泽东与斯诺的那次谈话中，斯诺提到美国军队差不多有一半驻扎在国外，看样子简直就变成了当地人的人质一样。毛泽东说："要走不好，不走也不好，这使美国政府处于困难境地。要美国撤兵困难，不撤也困难。哪里有点风吹草动，它就要派兵，就这么调来调去。有的时候我们故意这么一叫，例如打金门几炮，就是因为我们打那么几炮，它觉得第七舰队不够了，把第六舰队开过来一部分，把旧金山的海军也开一部分过来。我们又不打炮了，美国军队来了没事干，又要开回去。所以美国军队是可以调动的，叫它怎么样它就怎么样。有点像蒋介石的军队，叫它怎样就怎样。"② 事情也果然是这样，毛泽东简直成了一个高明的超级海军元帅，指挥起美国海军来，运用自如，信手拈来。这充分说明了毛泽东的论断：脱离群众就会变成蠢人，就会变成纸老虎。

---

① 《毛泽东外交文选》，中央文献出版社1994年版，第523页。

② 同上书，第560—561页。

参考书目

《马克思恩格斯选集》第 1—4 卷，人民出版社 1995 年版。

《列宁选集》第 1—4 卷，人民出版社 1995 年版。

《毛泽东选集》第 1—4 卷，人民出版社 1991 年版。

《毛泽东文集》第 1—8 卷，中央文献出版社 1993—1999 年版。

《毛泽东外交文选》，中央文献出版社、世界知识出版社 1994 年版。

《建国以来毛泽东文稿》第 1—13 册，中央文献出版社 1987—1998
　年版。

《毛泽东自述》，人民出版社 1993 年版。

中共中央文献研究室编：《毛泽东传（1893—1949）》，中央文献出版
　社 2004 年版。

逄先知、金冲及主编：《毛泽东传（1949—1976）》，中央文献出版社
　2003 年版。

《中国共产党第十八次全国代表大会文件汇编》，人民出版社 2012
　年版。

《论群众路线——重要论述摘编》，中央文献出版社 2013 年版。

《邓小平文选》第 1—3 卷，人民出版社 1994 年版。

《江泽民文选》第 1—3 卷，人民出版社 2006 年版。

《社会主义核心价值体系学习读本》，学习出版社 2009 年版。

《中国共产党章程汇编》，中共党史出版社 2007 年版。

《中国共产党历史》第 1 卷上、下册，第 2 卷上、下册，中共党史出版社 2011 年版。

吴冷西：《十年论战》上、下册，中央文献出版社 1999 年版。

张贻玖：《毛泽东读史》，当代中国出版社 2005 年版。

黄丽镛：《毛泽东读古书实录》，上海人民出版社 1994 年版。

谢益显：《折冲与共处》，河南人民出版社 1990 年版。

跋

这本书是为了纪念毛泽东诞辰 120 周年而写作的。

由于毛泽东的民族精神博大精深，对这样一位历史伟人思想精神方面的提炼和总结，有一个不断深入的过程，不能说这种提炼和总结止于现在的水平。况且，总结提炼者自身的思想境界和水平也是制约着对真理认识的水平的。实际上，对毛泽东民族精神的总结和提炼过程，也是对毛泽东思想重新学习、加深认识的过程。虽然，作者水平有限，但不断认识和提升自身的心情还是诚实的，因此坚信会有不断的进展，也不会排斥别人认识的真理。

本书对毛泽东民族精神的总结和提炼，遵循了以下几个原则。第一，科学性的原则。毛泽东民族精神的每一方面都必须是科学的哲理，都是体现了辩证唯物主义和历史唯物主义的科学世界观的内容。一切其他时髦的词句和怪异的逻辑都会遭到作者拒斥。只有那些符合发展变化的、如实全面的、全面联系的观点的精神表述，才能放在毛泽东名下。第二，时代性的原则。现如今，马克思主义已经产生 165 年，社会主义制度在世界上已经出现 96 年，一些误入歧途的社会主义国家发生的剧变已经过去 20 多年，国际共产主义事业正反两个方面的经验教训已经比较清晰地展现在人们面前。对毛泽东民族精神的总结和提炼必须站在这个时代的高度，而不能无视这个时代已经得出的结论。第三，大众化的原则。在毛泽东博大精深的精神世界中，只能选取那些在广大群众中已经广为流传，被人民大众理解、掌握和运用，在人民大众头脑里扎了根的那些民族精神，就是本书最重视的内容。第四，传统性的原则。传统是一个起自过去、立足现在、影响未来的文化力量。凡是那些对当今国家发展和未来前途具有重要价值的内容，肯定是毛泽东民族精神中最重要的内容。一时一地的现象，实用主义的曲解和臆造，是本书远离的东西。第五，比较鉴别的原则。本书是在通览了众多的关于毛泽东民族精神的类似的著作、文章之后，进行构思的。有时，反面资料的激发比正面分析的思路，更加能够启发本书的视野。经过比较，鉴别得就更加准确。

现在关于毛泽东民族精神的说法很多，要想一一鉴别，必须下一番功夫。在我有生之年，还是要再下许多这样的功夫的。最终目的，就是要正本清源，争取把毛泽东的民族精神的全貌总结提炼出来。

由于出版社审稿过程中，《毛泽东年谱》于 2013 年 12 月出版，书稿中所引有关文字，凡见著于《毛泽东年谱》的，尽量作了更新，以年谱资料为准。又及。

2014 年 4 月 6 日